APPENDICE & TABLES

DU

CATALOGUE

DES

ESTAMPES HISTORIQUES

DE M. L. R. DE L.

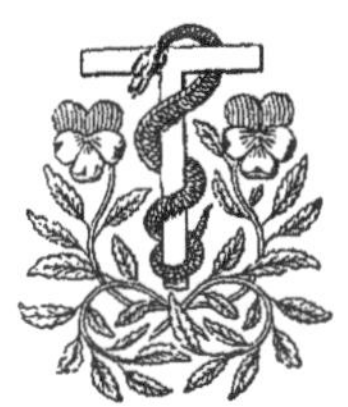

A PARIS
J. TECHENER, LIBRAIRE,
PLACE DE LA COLONNADE DU LOUVRE, N° 20
1856

RELATION

DU

SACRE & COURONNEMENT DE MARIE DE MÉDICIS

Cette estampe indiquée au nº 161 page 19, nous offre une relation authentique et détaillée de la cérémonie faite à cette occasion. Le titre est ainsi conçu :

POVRTRAICT DV SACRE ET COVRONNEMENT DE MARIE DE MÉDICIS, Royne Très-Chrestienne de France et de Nauarre, faict à Sainct Denis en France, le Ieudy 13 de May 1610.

Au bas et dans le filet qui encadre la gravure on lit :

Non contenta solo, cœlo vult auspice, Francis
Sacrari Maria suis, ut vindice Christo
Stet maiestas populis, oleique liquore
Fortior, incumbat rebus, sceptris que tuendis.

N. Rich. Par.

L'explication qui suit est imprimée autour de la planche gravée et forme encadrement :

DISCOURS DES CEREMONIES DU SACRE ET COURONNEMENT DE LA ROYNE.

« La Royne Marie estant arriuee a S. Denis en France le mercredy 12 de May 1610 accompagnee de Monseignevr le Davphin, de Madame, de la reine Margverite Duchesse de Valois, et de plusieurs princes et princesses, et de grand nombre de Seigneurs et Dames, le lendemain Ieudi 13 dudit mois l'acte et solennité du Sacre fut fait ainsi qu'il s'ensuit.

Il y avoit un grand eschaffaut au milieu du chœur de l'Eglise de l'Abbaye de St Denis assis deuant le grand Autel d'icelle, de la hauteur de neuf pieds ou environ, ayant de longueur vingt huict pieds, sur vingt deux de large et il y auoit vn escallier pour y monter contenant plusieurs marches. Enuiron le milieu de cest eschaffaut tirant vn peu sur le derriere, y auoit un haut dais de la hauteur d'vn peu plus d'vn pied ou l'on montoit deux marches, lequel haut dais et marches contenans de neuf a dix pieds de long, et environ de six pieds de large, estoient couverts d'vn grand drap de pieds, et sur iceluy estoit le Throsne ou la chaire ordonnee pour asseoir la Royne; et ceste chaire estoit couuerte de veloux pers semé de Fleurs de Lis d'or en broderie, et au dessus vn dais de semblable parure : le fonds et escallier dudit eschaffaut estoient plancheez de veloux cramoisy semé de broderie d'or. Il y auoit d'autres eschaffaux a main droicte et à main senestre, tant pour les Princes, Cheualiers des Ordres du Roy, Gentils-hõmes de la chambre et autres grands Seigneurs, Capitaines et gens d'apparence, que pour les Ambassadeurs, Dames et Damoiselles de la Royne et autres. Dedans l'enclos du grand Autel, a main senestre y auoit un ban couuert de drap d'or, pour Messeigneurs les Cardinaux de Gondy, de Sourdis et du Perron; et derriere eux estoit un banc pour les Archeuesques, Euesques, et autres Prelats ordonnez, tant pour seruir au Sacre et Couronnement et a la Messe, que pour y assister.

Ioignant ledict Autel du mesme costé, y auoit vne table honorablement preparee pour y poser les grande et petite Couronnes, le Sceptre, la main de Iustice, et l'anneau ordonné pour ledit Sacre.

De l'autre costé a main droicte y auoit vne chaire couuerte de veloux violet brodee et frãgee d'or, auec deux oreillers pour seoir Monseigneur le Cardinal de Ioyeuse faisant l'Office, et derriere du mesme costé estoit dressée vne table richement paree pour y mettre le pain, vin et cierge, attendant que le Maistre des Ceremonies les vint prendre pour les bailler aux Dames ordonnees pour les porter a l'offrande.

Le parterre du Chœur depuis le grand eschaffaut iusques au grand Autel estoit couuert de veloux cramoisy brodé d'or, et de grands et riches tapis veluz a l'entour dudit Autel, et par dessus lesdits tapis d'vn drap de pied de drap d'or.

Ledit iour de Ieudy 13 de May, la Royne se trouua le matin en sa chambre habillee de corset, surcot d'Hermines, manteau, ornement de teste, et autres habits Royaux. Son manteau estoit de veloux pers semé de Fleurs de Lis d'or en broderie fourré d'Hermines ayant la queuë longue de sept aulnes. Son ornement de teste estoit tout garny de pierreries, son corset aussi de veloux pers couuert de Fleurs de Lis d'or traict, et son surcot enrichy de gros diamans, rubis et esmeraudes, le tout de telle excellence, richesse et valeur, que le prix en est inestimable.

Estant ainsi habillee elle fut conduite en fort bel ordre iusques dans l'Eglise, accompagnee de MONSEIGNEVR LE DAVPHIN qui portoit la queuë de son manteau Royal ; et a ce faire estoit aydé par Monsieur de Vitry, de Madame, de la Royne MARGVERITE et de plusieurs Princes et Princesses, et autres Seigneurs et Dames qui estoient en fort bon equipage.

La Royne arriuee dans l'Eglise, s'agenoüilla deuant le grand Autel sur vn oreillier, ou elle trouua Monseigneur le Cardinal de Ioyeuse reuestu de ses ornemens Pontificaux, accõpagné de Messeigneurs les Cardinaux de Gondy, de Sourdis et du Perron, et de bon nombre d'Euesques, Abbez et autres Prélats aux deux costez dudit grand Autel; puis apres se prosterna la face contre-bas, faisant deuotement son Oraison, et icelle acheuee elle fut leuee sur ses genoux : et ainsi inclinant son chef Monseigneur le Cardinal de Ioyeuse prononça en Latin ceste Oraison, dõt la teneur ensuit en nostre vulgaire : *Seigneur Dieu entendez a nos prieres et supplications, et ce qui est a faire par le ministère de nostre humilité, soit remply de l'effect de vostre vertu, par Iesus Christ nostre Seigneur, etc.* L'Oraison par luy ditte, il print l'Ampoulle ou fiole ou estoit la Sainte Onction et en versa en vne platine d'or, telle quantité qu'il iugea estre necessaire, et en oignit la Royne sur le chef, et puis après en la poitrine, disant : *Au nom du père et du fils et du St Esprit, ceste Onction d'huile te profite en honneur et confirmation eternelle.* Après laquelle Onction il dit l'Oraison qui ensuit : *Dieu Eternel, tout puissant, appaisé par nos prières versez et repandez l'abondant esprit de vostre benediction sur votre seruante afin que cejourd'huy instituee Royne par l'imposition de nostre main, elle demeure par votre Sanctification digne et eleüe, et que iamais cy-après comme indigne, elle ne soit separee de vostre grace, par nostre Seigneur Iesus-Christ,* &c.

Le dit Seigneur Cardinal procedant outre audit Sacre, print l'anneau et le mist au doigt de la Royne disant *Prends l'anneau de la Foy, signacle de Saincte Trinité, par lequel tu puisses euiter toutes malices hérétiques, et par la vertu qui t'est donnee, appeler les nations Barbares a la cognoissance de la vérité.* Après il dit l'Oraison suivante : *Dieu duquel procede toute puissance et dignité, donnez a vostre seruante par ce signe de vostre Foy l'effect prospere de sa dignité, en laquelle Foy elle demeure tousiours ferme et continuellement elle s'efforce de vous plaire par nostre Seigneur Iesus-Christ,* &c.

Puis après ledit sieur Cardinal mist es mains de la Royne le Sceptre, et la main de Iustice; et ce fait il print la grande Couronne qu'il presenta sur le chef de ladite Dame sans la lascher, estant cependant soustenuë par Monseigneur le Dauphin et Madame sa Sœur; et puis fut ostee et au lieu d'icelle en fut posee vne autre moins pesante et plus petite toute couuerte et enrichie de diamans, rubis et perles de grandissime valeur et excellence. En mettant la couronne ledit sieur Cardinal dist ces mots : *Prens la Couronne de gloire, honneur de liesse, afin que tu reluises splendide et sois couronnee de ioye durable.* Puis il adiousta l'Oraison qui ensuit : *Seigneur fontaine de tous biens et donneur de tous honneurs, octroyez a vostre seruante de bien regir ceste dignité qu'elle a prise, et fortifiez en elle par bonnes œuures la gloire que lui auez donnee par nostre Seigneur Iesus-Christ,* &c.

Le dit Sacre fait et Oraisons dites, la Royne fut menee & colloquee en son Throsne, c'est a dire dans la chaire, qui estoit preparee sur le dit haut dais; et la grande couronne fut posee deuant elle sur vn escabeau couuert de drap d'or frizé et vn carreau de mesme parure, et a main droicte vn Seigneur tenoit le Sceptre, et a senestre vn autre tenoit la main de Iustice.

Ladite dame estant ainsi assise en son Throsne, la Messe commença a estre celebree par ledit Seigneur Cardinal de Ioyeuse. Après l'Euangile dite trois grandes Dames porterent a l'Offrande le pain le vin et le cierge, auquel y auoit treize pièces d'or attachees. Apres l'eleuation du corps de Dieu quād ce vint a l'Agnus Dei, on porta la paix a la Royne pour la baiser, laquelle puis après fut menee au dit grand Autel, et là elle receut en grande deuotion et reuerence la tres-Saincte Eucharistie, et après auoir fait son Oraison, elle fut reconduite en son Throsne ou elle acheua d'ouyr la Messe.

La Messe dite et acheuee, la Royne descendit de son Throsne, et fut remenee en sa chābre en pareil ordre et ceremonie qu'elle auoit esté conduite a l'Eglise; et a la fin de la Messe fut criee largesse de par la Royne audedans de l'Eglise par vn des Herauts d'armes, et bonne somme d'or et d'argent fut iettee au Peuple a diuerses fois, et le tout se passa auec beaucoup d'acclamations, et signes d'allegresse et de resiouyssance publique.

VERS FRANÇOIS SUR LE MESME SUIECT.

Dans le Temple sacré de l'Apostre François
Deuant l'Autel celebre ou tant et tant de Rois
Receurent les honneurs de ceste Monarchie,
La fleur Hetrurienne a deux genoūils flechie,
Reçoit le diadesme, et rend a iointes mains
L'hommage qu'elle doit au Pere des humains.

Le ciel là haut en mene vne feste publique,
Ses gonds sautent de ioye et la tourbe Angelique
En fait solemnité, le Delien flambeau
Monstre auiourd'huy les rais de son feu le plus beau,

Comme s'il avoit peur que sa clarté cherie
S'eclipsast a l'abord de celle de Marie.

Si les esprits diuins font dans le firmament
Vne si grande feste a ce couronnement,
Ie ne m'estonne plus si la terre excitee
D'vne mesme allegresse est ores transportee.
L'œil a beau loin s'estendre, il ne voit qu'eschaffauts,
Les amples carrefours sont pleins d'arcs triomphaux,
De theatres, de ieux et de belles deuises.
L'abondance est aux champs, les ris, les mignardises,
La musique la suit : les festins, les ballets
Rendent le Paradis enuieux des Palais.

Voyez quelle affluence, et sur tous, ie vous prie,
Les dignes heritiers de France et d'Hetrurie
La Maiesté Deesse a moins de maiesté.
Voyez les Princes là, voyez d'autre costé
Ces braues Caualiers, voyez ces Damoiselles;
Roland si tu viuois tu serois fol pour elles,
Et toy, sang de Ligure, Oliuier tu romprois
Pour auoir leur faueur vn million de bois.

Qu'il fait beau voir d'ailleurs ceste chaste assemblée
De Cardinaux Romains, qui la teste affublée
De leurs chapeaux de pourpre apparoissent icy :
Que ces Euesques-là, que ces Pasteurs aussi
Tiennent de grauité. Mais cestuy-cy qui donne
Au chef humilié la Royale Couronne
Est vrayment venerable : aduisez l'action
Qu'il fait en luy donnant la benediction.

Telle qu'il te la donne, Avgvste Royne, telle
Puisses-tu l'obtenir de l'essence immortelle,
Telle ce pauure peuple hommageable aux lys d'or,
Telle les estrangers te la donnent encor,
Et chantent comme nous, Viue la Royne, viue
Qui dans les champs des lys a fait croistre l'oliue.

Le Blanc. »

N° 245.

Le Sacre et Couronnement du Roy très-chrestien Louys XIII, Roy de France et de Navarre, célébrée à Reims, le dimanche dix-sept octobre 1610.

Cette estampe se trouve au milieu d'un texte imprimé semblable à la pièce qui précède. Nous le réimprimerons en entier, parce que les épreuves qui sont parvenues jusqu'à nous sont rares, et que cette explication imprimée nous donne des détails précieux pour l'histoire.

DISCOVRS SOMMAIRE DES CEREMONIES DV SACRE ET COVRONNEMENT DV ROY.

« Le Roy ayant determiné le iour de son Sacre et Couronnement dans la ville de Reims, s'y rendit le 16. Octobre auec la Royne Regente sa Mère, les Princes et Seigneurs de la Cour dont les presences estoient requises, et tres grand nombre de Noblesse qui se trouua volontairement a ces magnificences.

Toutes choses deuëment preparees en l'Eglise N. Dame, a l'arriuee de sa Maiesté : Et les receptions et agreable accueil luy ayant esté faits a la porte de la Ville, il fut cōduit iusques a la porte de ladite Eglise, ou Mr le Cardinal de Ioyeuse, representāt l'Archeuesque Duc de Reims, et premier Pair de France, accompagné d'autres Pairs Ecclesiastiques, luy fit vne seconde reception en habits Pontificaux, l'introduisant pour faire ses prieres.

Le Dimāche 17, l'Eglise susdite se trouua rēplie de tres grād nōbre de peuple, et les Princes et Seigneurs y furēt placez en leurs lieux designez à l'effect de la Ceremonie.

Le grand Autel estoit paré d'ornemens tres riches et de plusieurs reliquaires, auec vn dais au dessus semé de fleurs de Lys d'or sur veloux viollet cramoisi, et au deuant y auoit son parterre de mesme estoffe estandu bien auant dans le chœur.

A costé gauche de l'Autel estoit la chaire Pontificale destinee pour mondit Sr le Card. de Ioyeuse qui deuoit officier, et au dos d'icelle estoit la place des Chantres et Musique. Vn peu plus arriere, du mesme costé estoit vne autre chaire pour le Roy, placee sur vn parterre de drap d'or, auec son oratoire au deuant couuert de mesme, garny au bas et dessus, d'oreillers de drap d'or.

Derriere ceste chaire estoit vn escabeau pour Mr le Mareschal de la Chastre, représentant Mr le Connestable, et plus arriere vn autre pour Mr le Chancelier, chef de la Iustice : et encores plus loin vn banc ou Mr le Mareschal de Lauerdin, representant le Grand Maistre, auoit a sa droite Mr d'Aiguillon Grand Chambellan, et Mr le Grand, premier Chambellan a l'autre main.

De ce mesme costé estoient les six Pairs Laiz, dont les trois premiers portent tiltre de Duc, par ancienne representation, Mr le Prince de Condé pour le Duc de Bourgongne, Mr le Prince de Conty, pour le Duc de Normandie, Mr le Comte de Soissons, pour le Duc d'Aquitaine. Les trois autres representoient les anciens Comtes, Mr le Duc de Neuers, celuy de Thoulouze : Mr d'Albœuf, celuy de Flandres : M. d'Espernon, celuy de Champagne : Et derriere eux quelques autres Princes et Seigneurs, et encores des Cheualiers de l'Ordre.

Entre les deux piliers ou estoiēt adossez ces Seigneurs, y auoit vn chaffaut, ou furēt Messieurs les Nōce et autres Ambassadeurs residans a la Cour ; Et au dessus y en auoit vn autre ; ou monterent quelques Dames et Damoiselles.

De l'autre costé, a main droite du grand Autel, estoit vn long banc pour MMrs les Pairs Ecclesiastiques, qui furēt M. le Cardinal de Ioyeuse, representant cōme dessus ; Mr l'Euesque et Duc de Laon : Mr l'Euesque et Duc de Lāgres ; Mr l'Euesq. et Comte de Beauuais : M. l'Eues. et Comte de Chaalons : Mr l'Euesq. et Comte de Noyon.

Derriere eux y auoit 3 autres rāgs de bancs, le 1 pour les Cardinaux assistans : Le 2 pour les Archeuesques et Euesques, et le 3 pour les Gentilshommes seruans.

De ce costé estoit dressé à moyēne hauteur vn parapet assez long, pour la Royne Regente Mère du Roy, et autres Dames de qualité. Outre les chaffaux susdits y en auoit d'autres par dessus les Chaires des Chanoines, tous remplis de Noblesse et gens de qualités.

Le Throsne du Roy estoit dressé par le milieu du poulpitre de l'Eglise, sur vne manière de plate-forme auec vn oratoire au deuant, le tout superbement paré de drap d'or et veloux semé de fleurs de Lys, accompagné de deux longs escaliers pour y monter de part et d'autre. Au dessus estoit suspendu vn dais, et a main droite fut dressé vn Autel portatif ou l'on celebra la Messe du Roy.

Toutes choses estant ainsi en ordre, sa Majesté deputa quatre Seigneurs, qui representoient autant de Barons, et vn Roy-d'armes pour aller vers l'abbé de S. Remy, et le requerir d'aporter la Ste Ampoule dãs l'Eglise Archiepiscopale, afin de s'en seruir au Sacre du Roy. Ces Seigneurs firent porter deuant eux par leurs Escuyers, chacun sa bannière peinte de leurs armes, et firent conduire vne haquenee blanche pour ledit Sr Abbé, auquel ils promirent solennellement, faire rendre et restituer l'abbé de S. Remy ceste Ste Ampoule après le Sacre.

Le Sr du Gué estoit le Roy d'armes des ordres de S. M. : les Barons furent, Mr de Chef-boutonne, M. le Marquis de Suple; Mr de Nangy, M^r^ le Vicomte de Rabas.

Les Pompes Royales cõmencerent a sortir du Palais Archiepiscopal, logis du Roy, et vindrent les Pairs Laiz en longs manteaux d'escarlatte violet, auec le collet aualé fourré d'hermines mouchetees. Les Ducs auoient leurs couronnes a fleurons surpassans, et les Comtes, les cercles d'or sans fleurons, enrichis de pierreries.

Ces SS. Pairs Laiz estans dans l'Eglise auec les Pairs Ecclesiastiques, ils deputerẽt d'entre eux les Srs Euesques de Laon et de Beauuais, pour aller querir le Roy en son Palais. Ils marcherẽt accompagnez des Chanoines, Vicaires et Chappelains de ladite Eglise, auec les Croix, cierges, Eau-beniste et reliquaires precieux.

Le Roy se trouua lors dãs sa chãbre sur vn lit de parade, vestu d'vne chemise de toille deliee, fenduë en plusieurs endroits, et arrestee de cordons de soye, pour ouurir lorsque l'Onction se faict. Sa camisole estoit de satin cramoisi, et fenduë aux mesmes endroits, et par dessus il vestit vne lõgue robbe a la domestique.

Après quelques Oraisons a ce suject, le Roy fut mené processionnellement a l'Eglise, Mr le Mareschal de la Chastre marchant deuant sa Majeste l'espee nue au poing, couronné d'vn cercle d'or, ainsi que les Pairs Comtes Laiz, vestu de tunique et manteau Ducal.

Mr le Chancelier estoit immédiatement après le Roy, vestu en escarlate rouge fourree d'hermines, ayant son mortier, et après luy marchoient Mrs le Grand Maistre et Grand Chambellan. Estãs arriuez a l'Eglise, sa Maiesté introduite dans le Chœur, se plaça dans sa chaire basse, designee ci-dessus, et derriere luy lesdits sieurs de la Chastre, Chancelier et autres, selon l'ordre ja remarqué.

Le Roy fut accueilly de benedictions et eau-beniste par Mr le Cardinal de Ioyeuse qui officioit : Et la Ste Ampoule estant apportee en grande reuerence, le susdit sieur Cardinal auec les Euesques et Prélats assistans, alla pontificalement la receuoir iusques au grand portail de l'Eglise ; Et sa Maiesté se leua de sa chaire si tost qu'elle apperceut ceste Ste Ampoule, pour la reuerer deuotement. Estant posée sur l'Autel, l'Abbé de S. Remy se mit au costé droit, et celuy de S. Denis en France, de l'autre chacun pour le deuoir de leur charge.

Mr le Cardinal s'estant reuestu d'autres habits Pontificaux a celebrer Messe, vint se presenter au Roy, pour receuoir de sa Maiesté les sermens et promesses accoustumez, pour la confirmation des priuileges de l'Archeuesché de Reims, Eglises qui luy sont suiettes, et autres despendances, ce que le Roy fit. Lors il fut sousleué par les susdits Euesques de Laon et Beauuais, qui demanderent au peuple et circonstance, s'ils l'acceptoient pour Roy : et suiuit l'acclamation du consentement.

Après ce serment, le Roy fit celuy du Royaume posant les mains sur l'Euangile, promettant conseruer son peuple en paix, faire punir les meschans, administrer egalement la Iustice, maintenir la foy et Religion Catholique, et autres semblables choses, puis il baisa l'Euangile, et immediatement après fut reuestu par les Prélats de ses habits Royaux, auec belles ceremonies.

Mr le Grand Chamb. luy ayant chaussé les bottines, Mr le Prince de Condé, en la qualité qu'il representoit, luy mit les esperons et (les) osta à l'instant. L'espee Royale fut beniste, et ceinte a sa Majesté, qui puis après luy fut mise nuë en main par le dit sieur Cardinal, auec les Oraisons a Dieu et benedictions ordinaires. Ayant esté reprise par ledit sieur Cardinal, et remise vne autrefois en la main du Roy, sa Maiesté la donna lors audit sieur Mareschal de la Chastre.

Le susdit sieur Cardinal s'estant retourné vers le grand Autel, prepara sur vne platine, du S. Chresme, puis auec vne aiguille d'or qui est attachee a la Ste Ampoule, tira la grosseur d'vn poids du tres-Sacré huile, qu'il mesla auec le S. Chresme. Le Roy, après quelques prieres et versets chantez, se prosterna au deuant de son oratoire, et mondit sieur le Cardinal a sa gaulche, ou ils demeurerent pendant que l'on chanta les Letanies.

A certain Verset qui fut repeté par trois fois, le Roy se leua debout, puis se mit a genoux pendant que le reste fut continué. Estant acheuees, le Roy et les Euesques qui les chantoient, se prosternerent en terre, et ledit sieur Cardinal demeurant debout dist à haute voix, *Pater noster,* avec autres prieres propres, remplies de sainctes inuocations et benedictions.

Ces Oraisons finies, ledit sieur Cardinal prit la Platine susdite, et oignit le Roy, premierement au sommet de la teste, puis a la poitrine, sur le fil des reims, sur l'vne et l'autre espaule, au ply du bras droit et du senestre, prononçant les paroles et benedictions requises.

Ayant finy et continué d'autres prieres, le Roy fut releuë par ledit sieur Cardinal et Prélats assistans, qui reserrerent les lacs de la chemise et camisole, puis sa Maiesté fut reuestuë par Me le Grand Chambellan de trois habillemens, le premier comme de sous-Diacre, l'autre comme de Diacre, et le tiers fut le manteau Royal, comme representant vne Chasuble.

Le Roy estant ainsi vestu, ledit sieur Cardinal reprit la Platine, en oignit la paulme de la main droite de sa Majesté, puis celle de la gauche, qui furent en tout neuf Onctions, adioustant tousiours les prières et oraisons propres pour implorer la protection diuine, et son assistãce particuliere contre les ennemis de sa Maiesté, afin qu'il soit bien heureux en ses iours, et tousiours victorieux.

Se fit la benediction des gants du Roy, pẽdant laquelle il tenoit les mains croisees sur sa poitrine, puis ils luy furent mis par ledit Sr Card. auec les prieres a Dieu; et cela fait il benist l'anneau, qu'il mit au doigt de la main droite proche du petit, en signe que le Roy espouse le Roiaume.

L'Oraison propre a ce sujeet estant acheuee, le Sceptre Royal fut mis en la main droitte du Roy, et la main de Iustice en sa senestre, auec autres inuocations.

Alors M. le Chancelier s'aduança vers le milieu du grand Autel, et tournant la face vers le peuple appela à haute voix les douze Pairs, commençant par les Laiz, disant en ces termes : M. le Prince de Condé, qui seruez pour le duc de Bourgongne, presentez-vous, et ainsi aux autres, les appellant par leurs noms.

Ceste conuocation faicte, ledit sieur Cardinal prit sur l'Autel la grande Couronne de Charlemagne, la présenta au dessus du chef du Roy, et lors tous les douze Pairs y porterent chacun la main pour la soustenir. Ce pendant ledit sieur Cardinal dist l'Oraison, laquelle finie il abbaissa ceste Couronne plus près, lesdits sieurs Pairs y aydant tousiours durant qu'il fit d'autres prieres.

Ayant acheué, il prit le Roy par la manche du bras droit, et M[r] le Mareschal de la Chastre portant l'espee nuë deuant sa Maiesté, lesdits sieurs Pairs soustenans la couronne, il fut conduit en son Throsne Royal; M. le Chancelier marchant après sa M. et d'vn rang M. le Grand-Maitre, qui auoit a sa droitte M. le Grand Chãbellan, et a sa senestre M[r] le Premier Chambellan.

Le Roy estant monté et se tenant debout, le susdit sieur Cardinal dist certaines paroles comme de diuins aduertissemens et forme d'establissement, puis fit seoir sa Maiesté auec prieres a

Dieu qu'il demeurast confirmé en ce Throsne, et autres sainctes cōmemorations, apres lesquelles ledit sieur Cardinal ostant sa Mitre fit vne grande reuerence au Roy, et le baisa, puis dist tout haut : VIVAT REX IN AETERNUM.

Les susdits sieurs Pairs firent de mesme, cōmençans par les Ecclesiastiq. et ayant acheué, le peuple cria, VIVE LE ROY : Les Trompettes, Hauts-bois et autres instrumens sonnerent, et fut chanté, *Te Deum laudamus*, en musique, commencé par ledit sieur Cardinal.

Pendant ceste loüange a Dieu, et acclamations publiques, l'on ietta parmy le peuple plusieurs pièces d'or et d'argent de diuerses grandeurs, lesquelles portoient a droit l'Effigie du Roy Couronné, auec ceste inscription LVDO. XIII. D. G. FR. ET NA. REX CHRISTIANISSIMVS. Et au reuers, vne main celeste qui enuoye en terre vne phiole, pour representer la Ste Ampoule, auec ceste inscription : FRANCIS DATA MVNERA COELI XVII. OCTOBRIS M. DC. X.

Mondit S^r^ le Card. estant descendu en bas, celebra la grande Messe, pendāt laquelle s'en dist vne petite a l'Autel portatif designé cy-dessus. Le Sceptre et main de Iustice demeurerent aux deux bouts de l'Oratoire, qui estoit deuant le Roy, et lors que l'on chāta l'Euangile, sa Maiesté se leua en pied, et M^r^ le Prince de Condé, en la personne qu'il representoit, luy osta la Couronne, et la posa sur vn carreau dudit Oratoire.

Ce fut M^r^ l'Euesque de Soissons, qui chanta l'Euangile et le porta baiser au Roy en solennité, faisant vne reuerence au bas de la montée, vne au milieu, et vne autre aux pieds de sa Maiesté qui baisa le liure.

A l'Offerte, 4 Seig^rs^ monterent au deuāt du Roy a son Throsne, conduits par deux Roys d'armes, et porterent les presens de sa Maiesté, scauoir le Sr de Ramboüillet, vn vase d'or cizelé : le Sr de Beauuais Nangis, vn pain d'argent, sur vn oreiller; le Sr de Montigny vn pain d'or, sur vn autre oreiller ; le Sr de Ragny, vne bourse en broderie, aussi sur vn oreiller, et dans icelle treize grandes pieces d'or, battues de l'Effigie du Roy, auec les inscriptions comme cy-dessus.

Après ces Seig[rs] suiuoient M[r] le Chancelier ; M[r] le G. Maistre ; M[r] le Mareschal de la Chastre portant l'espee nuë, puis le Roy, ayant en sa droitte le Sceptre, et en sa gaulche, la main de Iustice, que deux Seig[rs] de qualité vindrent prendre pour l'en descharger. Lors la bourse cy-dessus, luy fut mise en main pour l'offrir, et en suyte les autres choses susdites, ce qu'estant fait, le Roy reprenant le Sceptre et main de Iustice, retourna monter a son Throsne, accompagné des Seig[rs] Pairs, Chancelier et Grand Maistre.

Quād ce fut a donner la paix, ledit Sr Card. de Ioyeuse la mit en main d'vn Euesq. Pair qui le baisa, puis montant vers le Roi, luy dōna la Paix par vn mesme baiser, et apres luy tous les autres Pairs firent le semblable; et cependāt ledit Sr Card. fit la benediction de la bannière Royale.

A la fin de la Messe, le Roy fut amené de son Throsne par les Seig[rs] susdits, et estant entré dans son siège d'Oratoire jà designé, se reconcilia en confession, puis cōmunia fort deuotement sous les deux especes de pain et de vin. La grande Couronne fut donnee a vn Seigneur pour la porter deuant sa Maiesté, qui en chāgea d'vne plus petite, et ainsi vestu a la Royale, retourna en son Palais, ou fut fait vn superbe festin auec plusieurs belles ceremonies, que ie reserve a vne autre occasion, te laissant prier Dieu, comme ie fais, pour l'heureuse prosperité et grandeur de leurs Maiestez. »

TABLE ALPHABÉTIQUE

DES NOMS D'ARTISTES.

---

maritaine ; 748. — La porte Saint-Honoré et le dôme de l'Assomption ; 756. — Vues du Louvre ; 763.

Avril (J.-Jacq.) le jeune, graveur, né à Paris, en 1771.

Ducis, d'après madame Guiard ; 1078

Bachichi, peintre, né en 1639.

Voy. Schupen (P. Van).

Balechou (Jean-Joseph), graveur, né à Arles, en 1715, mort à Avignon, en 1764.

Marie de Rohan, d'après Ferdinand ; 327. — Louise-Elisabeth de France, d'après Nattier ; 513. — Jean Varin, d'après Lefèvre ; 982. — M. de Julienne, d'après de Troy ; 1006. — Charles Porée ; 1041. — Jolyot de Crébillon, d'après Aved ; 1074.

Baltard, peintre, architecte et grav., né à Paris, en 1764, mort en 1846.

Le Louvre au temps de Philippe-Auguste ; 763. — Vue de la démolition de l'égl. St-Nicolas-du-Louvre ; 835.

Bar, graveur.

Charles Rollin ; 1027.

Barbery (Louis), graveur, à Paris, de 1670 à 1690.

Alex. Le Ragois de Bretonvilliers, d'après Montagne ; 863.

Barère, peintre

Voy. Fiquet.

Baron (Claude), graveur, né à Paris, en 1738.

Buffon ; 1077.

Basan, graveur, né à Paris, en 1723, mort en 1797.

Louis XV, d'après Lemoine ; 506.

Baubrun, peintre.

Voy. Pitau (N.) ; Edelinck (G.) ; Nanteuil.

Baudet (Etienne), graveur, né à Blois, en 1643, mort en 1716.

Charles Perrault, d'après Ch. Le Brun ; 400.

Bazin (Nicolas), né à Troyes, en Champagne, vers 1636, graveur à Paris, de 1681 à 1707.

Louis XIV à cheval ; 258. — Marie-Thérèse d'Autriche à cheval, d'après J.-B. Martin ; 275. — Louis, Dauphin, à cheval, d'après J.-B. Martin ; 279. — Marie-Anne-Christine de Bavière à cheval, d'après J.-B. Martin ; 281. — Barrême ; 416. — Philippe, duc d'Orléans ; 653. — Elis.-Charlotte de Bavière, duch. d'Orléans ; 655. — Madame Helyot ; 979.

Beatricet (Nicolas), grav. lorrain, né en 1507, mort en 1570.

Henri II ; 17.

Beaumont (Pierre-Franç.), graveur, né en 1719, mort en 1769.

Fr. Pourfour Du Petit, d'après Restout ; 553.

Beausire (Jean), architecte français.

Vue de l'illumination de l'hôtel de Bouillon ; 589. — Feu d'artifice élevé dans la Grève (peint par les Du Mesnil) ; 590. — — — dans l'Hôtel-de-Ville ; 590. — Décoration de l'Hôtel-de-Ville ; deux feux d'artifice devant l'Hôtel-de-Ville ; 591.

Beauvais (S.), peintre.

Voy. Tardieu.

Beauvarlet (Jacq.-Firmin), graveur, né à Abbeville, en 1731, mort en 1797.

Adélaïde de France, d'après Nattier ; 513, 514. — L'abbé Desmarets, d'après Nattier Jouffroy ; 545. — Baudieri de Laual, d'après Drouais ; 1007. — Molière, d'après S. Bourdon ; 1101.

Beljambe (Pierre), graveur, né à Rouen, en 1752.

Claude de la Metterie, d'après Notté ; 612.

Bella (Etienne della), né à Florence, en 1610, mort en 1664.

Vues du Pont-Neuf ; 742, 743, 744. — Vues de l'égl. et cimetière des SS. Innocents ; 834. — Le roi d'armes de France ; 392, 1274. — Paysages, marines ; 1271. — Exercices de cavalerie ; 1272. — Bernardino Ricci ; 1273. — La grande Mort à cheval ; 1275. — Entrée à Rome de l'ambass. de Pologne ; 1276. — François, prince d'Etrurie ; 1277.

Belle (N.-S.-A.), peintre, né en 1674, mort en 1734.

Voy. Müller (J.-G.) ; Daullé (J.) ; Tardieu fils.

Benard (J.-F.), graveur.

Ateliers et métiers de la manufacture des Gobelins ; 1006.

Voy. Bernard (J.-Fr.).

Benoist (G.-Ph.), graveur, né à Coutances, en 1725, mort en 1800.

Rameau, d'après Restout ; 584. — Ch. Bernardin Laugier de Beaurecueil ; 854. — Barthelemy Mercier, abbé de St-Léger, d'après Voiriot ; 869. — Franç. Flon[c]el, d'après Cochin fils ; 964.

Benssel (F.).

Excudit : Le P. Bernard, dit le pauvre prêtre ; 861.

Berain (Jean), né en 1636, mort en 1711.

Le camp de douleur ; 848.

Personnages du théâtre de l'Opéra ; 1109. — de l'ancien Théâtre-Italien ; 1110.

Bercy (de), fils, graveur.

Louis XV ; 300.

Berey (Nicolas), éditeur.

Plan de Paris ; 705. — Les joueurs de boule ; 782.

Bergeret, dessinateur, né à Bordeaux, en 1780.

Voy. Pauquet fils.

Bernard (Samuel), peintre et graveur, né en 1615, mort en 1687.

Louis du Guernier ; 238.

Bernard (Jacques-François), graveur français et amateur, vers 1720.

Almanach de la fortune ; 720.

Bernard (L.), graveur.

Maréchal de Vauban, d'après de Troy ; 313.

Bernard (J.), dessinateur.

Voy. Le Grand ; Jean, dit Montainville.

Bernigeroth, graveur, né à Leipsic, en 1713.

P. de Marca, archev. de Paris ; 809.

Bernin (le cavalier).

Voy. Brissart (P.).

Bertaux, dessinateur.

Voy. Le Cœur.

Berterham, graveur.

Colbert ; 355.

Berthelmy, peintre.

Voy. Romanet (A).

Berthet (G.), graveur.

Restif de la Bretonne, d'après L. Binet ; 612

Bertrand (Pierre).

Excudit : Les deux pay sans de St-Ouen et de Montmorency ; 495.

Bidauld (A.-F.), graveur.

Ant. Coypel le père ; et Ant. Ch. Coypel, d'après Ant. Coypel ; 439.

Billette (Aure), graveur.

Guill. de La Mare ; 850.

Binet (L.), dessinateur.

Voy. Berthet (L.) ; Patas.

Blanchard (Jacques), peintre.

Voy. Edelinck (G.).

Blomaert.

Voy. Bruyn (N. de).

Blondel (J.-Fr.), architecte et graveur, né à Rouen, en 1705, mort à Paris en 1774.

Elévation de la façade du Louvre, du côté de la rivière ; 763. — Le palais Bourbon et l'hôtel de Lassay ; 769. — Hôtels Amelot, d'Ancezune, d'Argenson ; 772. — d'Auvergne, de Belle-Isle, de Béthune, de Blouin, de Carnavalet ; 773. — Maison du présid. Chevalier ; 774. — Maisons de MM. Crozat ; hôtels Desmarets, de Duras, d'Estrées, d'Etampes, d'Evreux ; maison de M. Guillet ; 775. — Maison de M. Hoguet ; hôtels d'Humières, de Jars, Lambert ; maison de Legendre d'Armini ; hôtel de Lorge ; 777. — Hôtels Louvois, du Lude, du Maine, de Maisons ; maison de Mansard jeune ; hôtels de Matignon, de Monthason, de Noailles ; maison de M. de Moras ; 778. — Hôtels de Noirmoutier, de Pompadour ; maison de la rue de Richelieu ; hôtels de Rohan, de Roquelaure, de Rothelin ; 779. — hôtels Seignelay, de Sonning, de Soubise, de Torcy, de Toulouse, de Varanjeville, de Vauvray, de la Vrillière ; 780. — Eglise de la Visitation ; — des Minimes ; — de St-Nicolas-du-Chardonnet ; 835. — Egl. de St-Roch ; 837. — Description des fêtes à l'occasion du mariage de l'infant d'Espagne ; 1001.

Blondel (Fr.), dessinateur.

Voy. Le Mire ; Tardieu.

Blot (Maurice), graveur, né à Paris, en 1754, mort en 1818.

André-Guill. de Gery ; 869.

Boilly, peintre.

Voy. Tassaert.

Boily (C.), graveur.

Vadé, d'après Richard ; 555.

Boissard (J.-Jacq.), graveur, né à Besançon en 1533, mort en 1598.

Clément Marot ; 15.

Boissard (Robert), né à Valence, vers 1590.

Michel de l'Hospital ; 39. — Henri III ; 47. — Henri IV à cheval ; 80. — Henri, duc de Vendôme ; 312. — Guill. Budé ; 1031.

Boisseau.

Vue de la Bastille ; 738. — Vue du Palais-Royal ; 768.

Excudit : Dessin de la place Royale ; 721. — Palais-Royal en la Cité ; 762. — Face du derrière du Louvre ; 763. — Palais d'Orléans ; 767. — Hôpital de Bicêtre ; 1124.

Boisseau, dessinateur.

Voy. Ravenet.

Boissevin.

Son adresse : — 804. — Oronce Finé ; 1031.

Boivin (René), graveur, né à Angers, en 1530, mort à Rome en 1598.

Clément Marot, 14 bis. — Henri II, d'après Luc Penni ; 18.

Boizot (L.-S.), dessinateur.

Voy. Boizot (M.-L.-A.).

Boizot (Mar.-L.-Adélaïde), graveur, née à Paris, en 1748.

Denis-Fr. Secousse, d'après madame Dubois ; 884. — P. Fabre, d'après L.-S. Boizot ; 610. — Jean Bruté ; 902.

Bollery (N.), peintre.

Voy. Clerc (J. Le) ; Gaultier (Léon).

Bonet, peintre.

Voy. Edelinck (G.).

Bonnart (Henri).

Les métiers de Paris ; 1017.

Bonnart (Jean-Bapt.).

Les métiers de Paris ; 1014.

Bonnart (Nicolas).

Samuel Sorbière ; 411. — Jacques Chassebras ; 881. — Les métiers de Paris ; 1015.

Son adresse : L'arrivée des infirmes au médecin de Chaudrais ; 1154.

Bonnart.

Louis XIV (3 portr. différents, dont l'un d'après Arnoult) ; 265. — Louis, Dauphin ; 279. — Louis, duc de Bourgogne (5 portr. differ.) ; 282. — Marie-Adélaïde de Savoie ; 286. — Le duc d'Anjou (6 portr. differ.) ; 290. — La reine d'Espagne ; 291. — Le duc de Berry ; 291. — Madame de Maintenon ; demoiselles de St-Cyr (8 pièces) ; 294. — La marquise de Montespan ; 295. — Le duc du Maine ; la duch. du Maine ; 296. — Le comte de Toulouse ; 297. — Le duc de Chaulnes ; 300. — La duch. d'Humières ; 308. — Le maréchal de Choiseul ; Catinat ; le maréchal de Boufflers ; le duc de Montmorency ; le maréchal de Villars ; 310. — Le duc de Vendôme ; 312. — Le maréchal de Tallard ; le maréchal de Villeroy ; la maréch. de Villeroy ; la duch. de Villeroy ; 313. — Le comte de Tourville ; Jean Bart ; 313 bis. — La duch. d'Albret ; la duch. de Bouillon ; le duc d'Albret ; le chev. de Bouillon ; la marquise de Belfont ; le duc de Bourbon ; la duch. de Bourbon (10 portr.) ; 315. — La princ. de Bournonville ; la marquise d'Escots ; la duch. de Charrost ; madame de Creil ; la princ. d'Espinoy ; madame de la Ferté ; la duch. de la Feuillade ; la marquise de Florensac (10 portr.) ; 316. — La duch. de Foix ; la duch. de Guise ; la marquise de Grancey ; le marquis de Beuvron ; madame L. C., à l'église ; mesdemoiselles Loison ; mademoiselle de Loube (8 portr.) ; 317. — La duch. de Nevers ; la comtesse d'Olonne ; la marquise de Polignac ; la marquise de Quélus ; la marquise de Richelieu ; la marquise de Rochebaron ; la princ. de Rohan ; le duc de Roquelaure ; la duch. de Roquelaure ; la duch. de Lude ; madame de Ludre ; la duch. de Monfort (13 portr.) ; 318. — La comtesse de *** en habit de bal ; madame de Seignelay ; la duch. de S. Simon ; la princ. de Soubise ; la duch. de Valentinois ; la duch. de Ventadour ; mademoiselle de la Varenne ; la marquise de Villequier ; madame de *** en Madeleine (9 portr.) ; 319. — Le P. La-Chaise ; 396. — Lully ; 469. — Monsieur, frère du roi ; 633. — Le duc de Chartres ; la duch. de Chartres ; 637. — Joseph de Lorraine ; 668. — Armande-Charl. de Lorraine ; mademoiselle de Lillebonne ; 686. — Le chevalier de Lorraine ; Charles de Lorraine, comte de Marsan ; 689. — Mademoiselle d'Armagnac ; 690. — Victor Amé II, duc de Savoie ; le duc de Savoie ; Anne-Marie d'Orléans, duch. de Savoie ; Eug. de Savoie, comte de Soissons ; 694. — Harlay de Chanvalon ; 817. — Le P. Fiacre de Ste-Marguerite ; 864. — Personnages du théâtre de l'Opéra ; 1109. — — de l'ancien théâtre Italien ; 1110. — Le triomphe d'Arlequin Jason ; 1118. — Personnages de la maison royale d'Angleterre ; 1233.

Bonnet, peintre.

Voy. Audran (B.).

Bonneval (de).

Voy. Cochin (C.-N.).

Bonneville, graveur.

Duplessis Beriaux ; 621

Bonys (Antoine), graveur.

Gros de Boze ; 1072.

Borel (A.), dessinateur.

Voy. Launay (N. de).

Bosse (Abraham), né à Tours, en 1605, mort en 1678.

Louis XIII à genoux ; 184. — Louis XIII recevant une députation ; 185. — Raphaël Trichet Dufresne ; 231. — Jacq. Callot ; 240. — Louis XIII, avec les attributs d'Hercule ; 253. — Demachy, chirurgien, d'après Violette ; 550. — Michel Larcher ; 967. — Claude Geoffrin, dit Jodelet ; 1100.

La joie de la France ; 250. — La fortune de la

France; 254. — Festin donné par Louis XIII aux chev. du St-Esprit; 252. — Les forces de la France; 252. — Le siège de la Motte; 480. — L'enfant prodigue (3 pièces); 783. — Les vierges sages; 784. — La nouvelle mariée (4 pièces); 785. — L'odorat; 786. — Le goût; 787. — Un chirurgien s'apprêtant à saigner une dame; 788. — La Terre, représ. allégoriquement; 789. — Un mari battant sa femme; une femme battant son mari; 790. — Le printemps, l'été et l'automne (3 pièces); 792. — Un amant exprimant sa passion; la jeunesse; 793. — Un procureur dans son étude; 794. — Un apothicaire apportant un clystère à une dame; 795. — L'hôpital de la Charité; 995. — Les métiers de Paris; 1011, 1012. — Les cris de Paris; 1013. — Les anciens comédiens de l'hôtel de Bourgogne; 1097. — La mort de Lazare; 1257.

Estampes qu'on lui attribue: La naissance du Dauphin; 249. — Théâtre de Tabarin; 1091.

BOSSEAU (J.).
Son adresse : — 828.

BOUCHARDON (Edme).
Voy. Caylus (le comte de).

BOUCHER (François), graveur.
Antoine Watteau, d'après lui-même; 457.

Les cris de Paris; 1018.

BOUCHET LE MOINE (Elisabeth).
Sœur Louise de la Miséricorde, d'après P. Sevin; 888.

BOUDAN (A.).
Excudit : 255. — 443. — 489. — 1035.

BOULANGER (Jean), graveur, né à Troyes en 1607.
Louis XIII; 169. — Charles Patin, d'après C. Le Febvre; 413. — Marie-Angélique Arnauld, d'après Ph. de Champagne; 887. — Louis Barbedor; 1089.

Pièces qu'on lui attribue : Les accessoires du portr. de Louis Hesselin; 373.

BOULLONGNE (Bon de).
Voy. Tardieu (J.-N.).

BOULOGNE.
Voy. Thomassin (S.).

BOULONOIS (Edme de), graveur.
Jacq.-Aug. de Thou, d'après Du Monstier; 914. — Guill. Postel; 1032. — Christophe Plantin; 1209.

BOURDON (J.), peintre.
Voy. Couvay (J.).

BOURDON (Sébastien), peintre et graveur, né à Montpellier, en 1616, mort à Paris, en 1671.
Voy. Simonneau (L.); Rousselet; Beauvarlet; Tangé (P.).

BOURGEOIS (F.), dessinateur.
Voy. Henriquez (B.-L.).

BOURGEOIS DE LA RICHARDIÈRE, graveur, né à Polla, en 1777.
N. Arnoult, d'après A.-P. Vincent; 624.

BOUTTATS (Philibert), graveur, né à Anvers, vers 1650.
Louis XIV, d'après N. Visscher; 266.

BOVART.
Voy. Marvie.

BOVINET (Edme), graveur, né à Chaumont, en 1767.
Piron; 556. — Diderot; 611.

BOZE (J.), peintre.
Voy. Miger (S.-C.).

BRADEL (J.-A.), graveur.
Jean-Denis Cochin, d'après Joly; 851.

BRAUN (G.), éditeur.
Plan de Paris; 695.

BRÉA (de), peintre et graveur.
Mademoiselle Renaut l'aînée; 1107.
Voy. Petit.

BREDIETTE (Pierre), né à Mantes-sur-Seine, en 1598, mort vers 1650.
François Quesnel; 61.

Profil de l'égl. de la Sainte-Chapelle; 828. — Le portail de la Sainte-Chapelle; 828.

BRENTEL (Frédéric), graveur, né en 1590, mort en 1651.
Cérémonies funèbres et obsèques de Charles III, duc de Lorraine, d'après Cl. de La Ruelle (La perspective, par J. La Hierre); 1188.

BRION DE LA TOUR, peintre et graveur au commencement du XIXe siècle.
Plan de Paris; 709.
Voy. Chapuy (J.-B.).

BRIOT (Isaac), graveur.
Henri IV sur son lit de parade, d'après Fr. Quesnel; 163. — *Voy.* Dunkarton. — Malherbe; 231.
Excudit : 204.

BRISSART (P.), graveur.
Statue équestre de Henri IV; 93. — Le mausolée de Fr. de Vendôme, duc de Beaufort, d'après le caval. Bernin; 1231.

BROGULT, graveur.
Vue de la Bastille, d'après Gudin; 758.

BROOKSHAW (Rich.), graveur, né en Angleterre, vers 1736.
Marie-Antoinette; 598. — Louis-Auguste, Dauphin; 599.

BROSSARD DE BEAULIEU, peintre.
Voy. Langlois (P.-G.); Morel.

BRUYN (Nicolas de), graveur, né à Anvers, en 1570, mort en 1635.
Les cinq sens, d'après Martin de Vos; l'âge d'or, d'après Blomaert; 1249.

BUNEL (Ja.), peintre.
Pierre de Francheville; 241.
Voy. Leu (Thom. de).

BUSSEM (Jan.).
Excudit : 20.

CABOURET (F.), dessinateur.
Voy. Nanteuil.

CAFFIÉRI (J.-J.).
Voy. Saint-Aubin (A. de).

CALLOT (Jacques), né à Nancy, en 1592, mort en 1635.
Charles de Lorme; 223. — Claude Dervet; 237. — Louis de Lorraine, prince de Phalsbourg, 691.

Vues du Pont-Neuf et de la tour de Nesle; — du Louvre et de la tour de Nesle; 717. — Vue du Pont-Neuf; 745. — La pompe funèbre de l'empereur Mathias; 1232. — Jésus-Christ, la Sainte-Vierge et les apôtres; 1258. — La Sainte-Vierge, l'Enfant-Jésus, saint Jean et sainte Elisabeth, d'après A. del Sarto; 1259. — Le triomphe de la

Sainte-Vierge ; 1260. — La parabole des mesures de grains ; 1261. — Saint Paul, d'après Swanenburg ; 1262. — Saint Nicolas ; 1263. — Saint Mansuet ; 1264. — La tentation de saint Antoine ; 1265. — La foire de la Madona del Imprunetta ; 1266. — La carrière de Nancy ; 1267. — Le grand rocher ; 1268. — Le brelan ; 1269. — Deux paysages ; 1270.

CAMASEUS (André), dessinateur.
Thèse de théologie ; 904.

CAMPIGLIA (J.-Dom.), graveur, né à Lucques, en 1692.
Robert Nanteuil ; 462.

CARESME (P.), peintre.
Voy. Duchemin (R.).

CARMONA (Manuel-Salvador), graveur, né à Madrid, en 1730.
Collin de Vermont, d'après Roslin ; 567. — Franç. Boucher, d'après Roslin ; 570.

CARMONTELLE (Louis de), graveur, né vers 1720.
Lamoignon fils ; 604.

CARMONTELLE (L.-C. de), dessinateur.
J.-B. Brizard ; 1104.

CARON (Antoine), peintre.
Voy. Vœnius (Gisbert).

CARPENTIER (C. Le), dessinateur.
Voy. Saint-Aubin (A. de).

CARS (Laurent), graveur, né à Lyon, en 1699, mort en 1733.
Séb. Bourdon, d'après H. Rigaud ; 437. — Michel Augier, d'après Revel ; 458. — Marie Leczinska, d'après Van Loo ; 511. — J.-B.-Simeon Chardin, d'après Cochin fils ; 566. — Fr.-Marguerite Pouget, d'après Cochin fils ; 566. — Franç. Boucher, d'après Cochin fils ; 570. — Paul-Ambr. Slodtz, d'après Cochin fils ; Michel-Ange Slodtz, d'après le même ; 582. — Sainte-Anne de Geneuillac Vaillac ; 886. — P. Prault, d'après Cochin ; 1088.

CASENAVE, graveur.
Marie-Adélaïde de Savoie ; 286.

CATHALA, architecte.
Voy. Gaitte.

CATHELIN (J.), graveur, né à Paris, en 1739, mort en 1804.
Marie-Adélaïde-Clotilde-Xavière de France, d'après Ducreux ; 517. — J. Gosseaume, d'après Cochin ; 584. — Louise de Savoie, d'après Drouais ; 600. — P.-J. Desault, d'après Cochin ; 610. — Meusnier de Querlon, d'après Vispré ; 611. — Jos. Vernet, d'après L.-M. Van Loo ; 614. — Pierre Jeliote, d'après L. Toqué ; 624. — Grétry, d'après L. V. Lebrun ; 624. — Raymond Revoire, d'après Libon Dautecombe ; 868. — Jean de La Bruyère ; 1068. — Clairaut, d'après Cochin ; 1080. — Louis-Fr. Prault, d'après Cochin ; 1088.

CAYLUS (le comte de), né à Paris, en 1692, mort en 1765.
Les cris de Paris, d'après Edme Bouchardon ; 1010.

CAZES (Pierre-Jacques), peintre.
Voy. Drevet (P.).

CHALGRIN.
Voy. Taraval (G.).

CHAMPAGNE (C.), peintre.
Voy. Lasne (M.).

CHAMPAGNE (J.-B.), peintre.
Voy. Edelinck (G.).

CHAMPAGNE ou CHAMPAIGNE (Philippe), peintre, né à Bruxelles, en 1602, mort en 1674.
Voy. Morin (Jean) ; Nanteuil (R.) ; François Lasne (M.) ; Edelinck (G.) ; Montagne (N. de P.) ; Will (J.-G.) ; Boulanger.

CHAPRON (Nicolas), graveur, né à Châteaudun, en 1599.
La Bible de Raphaël, d'après Raphaël ; 1255.

CHAPUY (J.-B.), graveur, né à Paris, en 1760, mort en 1802.
Cagliostro, d'après Brion de la Tour ; 607.

CHARDIN (J.-S.), peintre.
Voy. Miger (S.-C.) ; Chevillet.

CHARPENTIER (François-Philippe), graveur, né à Blois, en 1739.
François de Chevert, d'après Hischbein ; 524.

CHASTEAU (Guill.), né à Orléans, en 1631, mort en 1685.
Pierre Padet ; 1038.

Portrait qu'on lui attribue : Guill. Ribier ; 390.

CHASTILLON (Claude).
Les faubourgs de Paris ; 719. — Carrousel fait à la place Royale, en avril 1612 ; 721, 722. — La place Dauphine ; 724, 725. — L'admirable dessin de la porte et place de France ; 727. — Hôtel de Nevers ; 778. — Eglise de St-Sauveur ; 837. — Eglise et maison du Temple ; 840. — Environs de Paris ; 1123. — Le château de Bicêtre ; 1124. — Vue de l'église de St-Denis ; 1153.

CHAUVEAU (Fr.), né à Paris, en 1620.
Hardouin de Péréfixe, arch. de Paris ; 811.

Ornements du portrait de César, duc de Vendôme ; 115.

Voy. Audran (K.) ; Regnesson (N.).

CHENU, graveur.
Henri IV, d'après une copie de P. Porbus, dess. par G. de Saint-Aubin ; 86. — L'Herminier, d'après mademoiselle V. Chenu ; 528 ; — Jacq. Dumont de Valdajou, d'après Lesueur ; 610. — Madame Favard, d'après Garand ; 1106.

CHENU (Mademoiselle V.).
Voy. Chenu.

CHEREAU (Fr.), graveur, né à Blois, en 1680, mort en 1729.
And.-Hercule de Fleury, d'après H. Rigaud ; 536. — Nic. de Largillière, d'après lui-même ; 563. — Claude-Bonnard Rousseau ; 974. — Eusèbe Renaudot, d'après J.-Rancé ; 1067.

CHERON, peintre.
Voy. Aubert.

CHERON LE HAY (Elisabeth).
Voy. Thomassin.

CHEVALIER (J.-Alex.), graveur et amateur, vers 1770.
Robert Picault ; 574.

CHEVALLIER (J.), peintre.
Voy. Gaillard (R.).
Voy. Petit.

CHEVILLET, graveur, né à Francfort-sur-l'Oder, en 1729.
J.-B.-Sim. Chardin, d'après lui-même ; 614. — Gabriel de Sartine, d'après L. Vigée ; 991. — Buffon, d'après Drouais ; 1077.

CHIQUET (J.).
Son adresse : Proclamation de Louis XV ; 500. — Les véritables cris de Paris ; 1021.

CHOFFARD (P.), graveur, né à Paris, en 1729, mort en 1809.
Palissot, d'après Ch. Monnet ; 555. — P.-Fr. Basan ; 820. — Ornements du portr. de Fénelon ; 1068.

CHOLOT (Joachim).
Vue de l'égl. des Carmes déchaussés ; 827

CHRÉTIEN.
Dom.-Viv. Denon, d'après Quenedey ; 621

CHARTRES.
Voy. Langlois (François).

CLÉMENT (A.), graveur.
Condillac, d'après Duval ; 611.

CLOUET (Pierre), graveur, né à Anvers, en 1606.
Richard Collin ; 238.

COCHIN (Ch.-Nic.), le fils, peintre et graveur, né en 1715, mort en 1788.

Ch. Duclos ; 555. — J. Restout ; 569. — J.-Bap. Massé ; 574. — Le comte de Caylus ; 577. — Le duc de La Vallière ; 604. — Henri-Ph. Chauvelin ; 954. — Thomas ; 1077. — Louis de Boissy ; 1077. — Eustache Lesueur, d'après lui-même ; 432. — Charles Parrocel, 456.

Pompe funèbre de la reine de Sardaigne, d'après de Bonneval ; 849.

Vue de l'illumination de la rue de la Ferronerie (la perspective est de J. de Sève) ; 589. — Pompe funèbre d'Elis.-Thérèse de Lorraine ; 849. — Pompe funèbre de Philippe V, roi d'Espagne, d'après Slodtz ; 849.

Voy. Dupuis (N.) ; Saint-Aubin (Aug. de) ; Watelet ; Dupin, le fils ; Cars (L.) ; Daullé (J.) ; Lempereur (L.) ; Rousseaux (J.-F.) ; Cathelin ; Lingée (Madame) ; Hubert ; Martenasi (P.) ; Gaucher (C.-E.) ; Marais ; Migor (S.-C.) ; Nicollet (B.-A.) ; Meliny (C.-B.) ; Demarteau ; Benoist.

COCHIN (N.).
La dévote procession de la châsse de Saint-Germain ; 804. — La confrairie de la châsse de Saint-Germain ; 832 bis.

COCHIN (N.).
Entrée de Henri IV à Paris ; 156. — Minerve annonce la paix à la ville de Paris ; 625.

COCK (Jérôme), graveur, né à Anvers, en 1510, mort en 1570.
Elisabeth, fille de Henri II ; 26.

COELMANS (Jacq.), graveur, né à Anvers, vers 1670, mort en 1735.
Malherbe, d'après Finsonius ; 231.

COLLERI, peintre.
Nicolas Duval ; 402.

COLLIGNON (F.), né à Nancy, en 1621.
Le char de triomphe de Louis XIV ; 472.

COLLIGNON, sculpteur.
Buste de Lully ; 469.

COLSON, peintre.
Voy. Michel (J.-B.) ; Miger.

COMPARDEL, peintre.
Voy. Edelinck (G.).

COOPER (E.).
Excudit : 295.

COQUART (A.), graveur.
Le parc et le château de l'Estang ; 1135.

COQUEREL, graveur.
Vue de la galerie du Palais-Royal, d'après Gabizza ; 769.

COQUERET (P.-Ch.), graveur, né en 1761.
Ch.-G. Le Clerc, d'après Lambert ; 1088.

CORNU (J.-B.), peintre.
Voy. Daullé (J.).

CORTONE (Pierre de).
Voy. Petit.

COSSIN (Louis), graveur, né à Troyes, en 1633.
François Hérard, d'après F. Sicre ; 224. — François Chauveau, d'après Cl. Le Febvre ; 443. — Valentin Conrart, d'après Cl. Le Febure ; 1053. — Jean Doujat, d'après F. Sicre ; 1058.

COTTELLE (J.), peintre.
Voy. Poilly ; Roullet (J.-L.).

COTTER (J.).
Le comte de Caylus ; 577.

COURTIN (G.).
Voy. Drevet (P.)

COUTELLIER, graveur.
Mademoiselle Maillard ; 1107.

COUVAY (Jean), graveur, né à Arles, en 1622.
Louis XIV à cheval, d'après J. Bourdon ; 257.

COYPEL (Antoine), le père.
La Voisin ; 497.
Voy. Bidaud (A.-F.).

COYPEL (Antoine), le fils.
Voy. Massé (J.-B.).

COYPEL (C.), peintre.
Charles Rollin ; 1027.
Voy. Joullain (F.) ; Marlie (R.-E.) ; Daullé (J.) ; Drevet (P.) ; Tardieu fils.

COYPEL (N.-A.).
Voy. Surrugue (P.-L.).

COYSEVOX (A.), sculpteur.
Voy. Thomassin (S.) ; Dupuis.

CREUIL (Liévin), dessinateur.
Voy. Giffart (P.).

CROISEY (P.), graveur et éditeur, à Versailles.
Le château et le parc de St-Cloud ; 1162. — Plan de Versailles, d'après Const. de la Motte ; 1168.

CRUCHE, graveur sur bois du XVIe siècle.
Description des églises, rues et places de Paris ; 710.

CULIN, peintre.
Voy. Vermeulen (C.).

CUSTODIS (Raphaël), graveur, mort en 1651.
Jacques Callot, d'après M. Lasne ; 240.

DAGOTY. Voyez AGOTY (d').

DAMEN (J.).
Représentation du feu d'artifice à l'occasion du mariage du Dauphin et de Marie Josephe de Saxe ; 516.
Voy. Le Bas.

DANCKERTS (Cornelis), graveur, né à Amsterdam en 1561.
Jean Calvin ; 905.

Excudit : Gaston, duc d'Orléans ; 648.

DARET (Jean), peintre et graveur, né à Aix.
Voy. Nanteuil (R.).

DARET (Pierre), graveur, né à Paris en 1610, mort en 1684.
Louis XIII à cheval ; 176. — Louis XIII ; 181. — Anne d'Autriche et ses deux fils ; 200. — Louis de Caumartin ; 214. — René, seigneur de l'Espine, d'après du Pré ; 226. — Le maréchal d'Estrées ; 303. — Armand, prince de Conti ; 641. — Jean du Verger de Hauranne, d'après du Moustier ; 883. — Nic. de Netz ; 1209.

Excudit : J.-B. Rousseau, d'après Auger Lucas; 853. — 858. — Michel Le Faucheux ; 907.

Son adresse : Hédelin d'Aubignac, 432.

DIEU (Jean), peintre.

Voy. Lenfant (J.) ; Nanteuil (R.)

DOMINICAN (Fr.-André), peintre.

Voy. Moyreau (J.).

DONSTAN (F.), peintre.

Voy. Morin.

DORBAY, graveur.

Plan et vue du château et des jardins de Fontainebleau ; 1181.

DOSSIER (Michel), graveur, né à Paris, en 1684.

Grég. Gilbert, d'après de Troy ; 864.

DOUCEUR, ingénieur du roi.

Projet d'une fontaine à élever près de la Bastille ; 751.

DREVET (Pierre), graveur, né à Lyon, en 1664, mort à Paris, en 1739.

Louis, Dauphin, d'après H. Rigaud ; 278. — Louis, duc de Bourgogne, d'après H. Rigaud ; 284. — Philippe V, d'après H. Rigaud ; 289. — Le duc du Maine, d'après de Troy ; 296. — Le comte de Toulouse, d'après H. Rigaud ; 297. — Jean Delpech, d'après N. de Largillière ; 322. — Madame Keller, d'après H. Rigaud ; 330. — La duch. de Lesdiguières, d'après Pezey ; 334. — Pierre Vincent Bertin, d'après H. Rigaud, 367. — Samuel Bernard, d'après H. Rigaud ; 387. — Pierre Palliot, d'après G. Revel ; 403. — Jean Forest, d'après Largillière ; 458. — Le duc de Lesdiguières, d'après H. Rigaud ; 522. — Le card. Dubois, d'après H. Rigaud ; 529. — Louis Phelypeaux de la Vrillière, d'après Gobert ; 532. — Claude Le Blanc, d'après Le Prieur ; 535. — Louis Le Gendre, d'après J. Jouvenet ; 546. — Denys de Sainte-Marthe, d'après Cazes ; 552. — Hyac. Rigaud, d'après lui-même ; 562. — Maria Serre, d'après H. Rigaud ; 562. — Louis, duc d'Orléans, d'après C. Coypel ; 656. — Louis-Ant. de Noailles, arch. de Paris, d'après H. Rigaud ; 819. — Léonard Delamet, d'après H. Rigaud ; 851. — Louis Hideux, d'après Delescrinierre ; 851. — Jean Endes, d'après Le Blond ; 861. — Anne-Louise de Crevant d'Humières ; 888. — Catherine de Baz, d'après C. Courtin ; 890. — René Pucelle, d'après H. Rigaud ; 934. — Nic. Lambert ; Marie de L'Aubepine, d'après Largillière ; 971. — Bossuet, d'après H. Rigaud ; 1061. — Boileau, d'après de Troy ; — d'après H. Rigaud ; 1066. — Jean de La Bruyère, d'après Saint-Jean ; 1068. — André Félibien, d'après C. Le Brun ; 1081. — Adrienne Lecouvreur, d'après C. Coypel ; 1102. — L'abbé de Rancé, d'après H. Rigaud ; 1213. — Marie, duch. de Nemours, d'après H. Rigaud ; 1226.

Voy. DERINET.

DREVET (Claude), graveur, né à Lyon en 1710.

Ch.-G.-G. de Vintimille, arch. de Paris, d'après H. Rigaud ; 820.

DROUAIS (H.), peintre.

Louise de Savoie ; 606.

Voy. Beauvarlet ; Launay (N. de) ; Chevillet ; Sixdeniers ; Daullé.

DROYER, graveur.

F.-Nic. Bedigis, d'après Desrais ; 1088.

DUBOIS (Madame), peintre.

Voy. Boizot (M.-L.-A.).

DUCHANGE (Gaspard), graveur, né à Paris, en 1666.

Ch. de La Fosse, d'après H. Rigaud ; 440. — Mademoiselle Le Gras ; 887.

DUCHANGE (G.).

Excudit : — 1016.

Son adresse : Louis XV ; 508.

DUCHEMIN (R.), graveur.

Louis XVI, d'après P. Caresme ; 596.

DUCREUX, peintre.

Voy. Cathelin (J.) ; Migneret (A.).

DU DESSERT, graveur.

Ch.-G.-G. de Vintimille, arch. de Paris ; 820.

DUFLOS (Claude), graveur.

Le duc de Lesdiguières, d'après de Largillière ; 308. — Jean Berain, d'après J. Vivien ; 442. — P Boudou ; 550. — Antoinette d'Orléans, d'après A. Pezey ; 658. — P. de Gondy, év. de Paris, d'après A. Pezey ; 807. — Henri de Gondy, év. de Paris ; 808. Harlay de Chanvalon, d'après Le Febvre ; 817. — Louis Tronson, d'après N. Guerry ; 863. — Martin Grandin, d'après Largillière ; 898. — Robert Ballard, d'après Le Fèvre ; 993. — Denis Thierry, d'après Ferdinand ; 993. — Jean-Baptiste Coignard : 1087.

DUFLOS (Pierre), graveur, né à Lyon, en 1751.

Marguerite de Valois ; 12. — Madame Deshoulières ; 433. — Fontenelle, d'après H. Rigaud ; 1067.

DUFRENEAU, peintre.

Voy. Petit.

DUHAMEL, graveur, né à Paris, en 1736.

Bern. de La Monnoie ; 1071.

DUHAMEL (A.), peintre.

Voy. Romanet (A.).

DU MÉE, peintre.

Voy. Edelinck (G.) ; Sornique (D.).

DU MESNIL frères, peintres.

Feu d'artifice élevé dans la Grève ; 590. — Feu d'artifice élevé dans l'Hôtel-de-Ville ; 590. — Feu d'artifice devant l'Hôtel-de-Ville ; 591.

Voy. Le Bas.

DUMON, dessinateur.

Voy. Poulleau.

DUMONSTIER (Daniel), peintre.

Voy. Mallery (C. de) ; Leu (Th. de) ; Fiquet ; Gaultier (Léon.) ; Lasne (M.) ; Ragot (F.) ; Daret (P) : Boulonois (E. de) ; Lochon ; Mellan (C.).

DUMONT, peintre.

Voy. Jacquinot (L.-F.) ; Sellier.

DUNKARTON (Robert), né à Londres, vers 1744.

Copie de l'estampe de J. Briot : Henri IV sur son lit de parade ; 163.

DUPIN (Pierre), graveur, né en 1718.

Séb. Leclerc, d'après Delacroix ; 463 bis. — François Girardon ; 467. — René Hérault, d'après J.-E. Liotard ; 542.

DUPIN, le fils, graveur.

J.-Nic. Moreau, d'après Cochin, le fils ; 550 — Turgot, d'après le même ; 603. — Marmontel, d'après le même ; 1077.

Georges de La Faye ; 609. — Dorat ; 611. — L. Dupuy, d'après Desrais ; 1079.

DUPLESSIS (J.-S.), peintre.

Voy. Klauber (J.-S.) ; Tardieu (J.) ; Moles (P.-P.).

DUPLESSIS BERTAUX, graveur, né à Paris, en 1747.

Son portrait ; 621.

Vues de Paris sous les ponts ; 749

DUPONCHELLE ou DUPONCHEL, graveur, né à Abbeville, en 1748.

Marie-Leczinska, d'après Nattier; 512. — Montesquieu; 1073.

DUPONT (Henriquel), graveur, né à Paris, en 1797.

Bertin l'aîné, d'après Ingres; 1244.

DU PRÉ, dessinateur.

Voy. Daret (P.).

DUPRÉEL, graveur.

Buffon, d'après Delafontaine; 1077.

DUPUIS (Charles), graveur, né à Paris, en 1695.

Nic. de Largillière, d'après Gueslin; 563. — Louis, maître organiste, d'après Robert; 583.

DUPUIS (Nicolas), graveur, né à Paris, en 1696, mort en 1770.

Vauban, d'après H. Rigaud; 313. — Charles Parrocel, d'après Cochin fils; 456. — Gérard Audran, d'après Coyzevox; 463. — Le maréchal de Saxe (son mausolée, d'après Pigalle); 520. — Gaspard Duchange, d'après Cochin fils; 575. — J.-B. Lemoine, d'après le même; 623. — Michel-Et. Turgot; 988. — Charles Rollin, d'après Fontaine; 1027. — Gros de Boze; 1072.

DURAND.

Vue du Louvre; 763. — Vue du collége des Quatre-Nations; 1025.

DURER (Albert), né en 1474, mort en 1528.

Le Jugement dernier; Hercule; 1247.

DU VAL (Marc), graveur, né au Mans, mort en 1581.

Les trois frères Coligny; 38.

DUVAL (P.), dessinateur.

Voy. Clément (A.).

DU VIVIER (J.), graveur.

Pierre des Gouges, d'après Tournière; 416.

EDELINCK (Jean), né à Anvers, en 1630.

Gaspard Bartholin; 1235.

ÉDELINCK (Gérard), graveur, né à Anvers, vers 1640, mort à Paris, en 1707.

Sully; 122. — Paul Phelypeaux de Pontchartrain; 124. — Guillaume du Vair; 214. — Nicolas Lefèvre; 221. — Scévole de Sainte-Marthe; 226. — Henri Goltzius; 233. — Jacq. Blanchard, d'après lui-même; 234. — Louis XIV, d'après J. de La Haye; 263. — Statue équestre de Louis XIV, d'après Bonet; 271. — Le duc d'Anjou, d'après de Troy; 289. — Le duc de Berry, d'après de Troy; 291. — Jean de Gassion; 300. — Le duc de Noailles, d'après H. Rigaud; 309. — Surirey de St-Remy, d'après H. Rigaud; 313 bis. — Madeleine de Lamoignon, d'après de Seve; 329. — Charles Le Tellier, d'après Mignard; 346. — P.-Vincent Bertin, d'après Largillière; 368. — Joly de Blaisy; 380. — Edouard Colbert, d'après Mignard; 384. — J. Bouillé, d'après Nanteuil; 389. — Ph. Collot; 409. — Arnauld d'Andilly, d'après Ph. de Champagne; 420. — Claude de Sainte-Marthe, d'après Jouvenet; 420. — Lenain de Tillemont, d'après Lefebvre; 421. — Barth. d'Herbelot; 422. — Louis Moreri, d'après de Troy; 424. — J.-B. Santeuil, d'après Du Mée; 426. — Adrien de La Morinière, d'après J. Tortebat; 427. — Ch. Le Brun, d'après Largillière; 436. — Franç. Chauveau; 443. — Cl. Mellan; 444. — Israel Silvestre, d'après C. Le Brun; 445, 703. — Pierre Simon, d'après P. Ernou; 446. — Ph. de Champagne, d'après lui-même; 455. — Nicolas Verion, d'après Jouvenet; 462. — Martin Desjardins, d'après H. Rigaud; 466. — Jules-Hard. Mansart, d'après H. Rigaud; 468. — Charles Mouton, d'après de Troy; 470. — Le maréchal de Villeroy, d'après H. Rigaud; 518. — Ch. d'Hozier, d'après H. Rigaud; 546. — Hyac. Rigaud, d'après lui-même; 562. — Israël Silvestre; 698. — P. de Marca, archev. de Paris; 809. — Nic. Blampignon, d'après Vivien; 854. — André Hameau, d'après Vivien; 858. — N. Feuillot, d'après Compardel; 862. — A.-Louise-Christ. de Foix de la Vallette, d'après Beauxbrun; 888. — Louise-Eugénie de Fontaine; 889. — Françoise de Vassé, d'après de Largillière; 889. — Ant. Arnauld, d'après J.-B. Champagne; 899. — Guill. de Lamoignon; 929. — Gédéon Berbier du Metz, d'après H. Rigaud; 972. — Madame Helyot; 979. — Jean Varin; 982. — Charles Gobinet, d'après Largillière; 1040. — Paul Pélisson; 1058. — Phil. Quinault; 1060. — J.-B. Bossuet, d'après H. Rigaud; 1062. — Esprit Fléchier, d'après H. Rigaud; Is. de Benserade; 1063. — Charles Perrault, d'après Tortebat; 1069. — Jean-Paul Bignon, d'après L.-Cath. de La Roue; 1070. — Fréd.-Léonard, d'après H. Rigaud; 1086. — Evariste Gherardi, d'après J. Vivien; 1111. — Regnier de Graaf, d'après H. Watelé; 1222.

EDELINCK (Nicolas), graveur, né à Paris vers 1680, mort en 1768.

La marquise de Sévigné, d'après Nanteuil; 331. — Nic. Malebranche, d'après Santerre; 418. — Adrien Baillet; 428. — Gerard Edelinck, d'après Tortebat; 447. — J.-Franç. Guilliaumon, d'après Vivien; 1007. — Jacques de Tourreil; 1062. — Houdart de La Motte, d'après Ranck; 1071.

EILLARD (Jean), Frisius, graveur.

Henri IV; 82. — Ambroise Spinola, d'après P. Van Harlingen; 1216.

ELY (J.), dessinateur.

Voy. Saint-Aubin (A. de).

ENDEN (Mart. Van den).

Excudit : 236.

ENGELBRECHT (Martin).

La maison du présid. de Bretonvilliers; 773.

ERNOU (PIERRE).

Voy. Edelinck (G.).

ETIENNE, peintre.

Voy. Hobert (N.).

FABER (Jean), le père, graveur, né en 1650.

Socrates, d'après Rubens; 1239.

FACIÈ, peintre.

Voy. Landry (P.).

FALCK (J.), né à Dantzig en 1629.

Gandolin et Jodelet; 1100.

FEHRT (A.-J.), graveur.

Balthazar Gibert; 1027.

FERDINAND (Louis), graveur, né en 1612, mort en 1680.

Nic. Poussin; 453.

FERDINAND (P.).

Excudit : 453.

Son adresse : Mœurs et scènes populaires (4 pièces); 796.

FERDINAND, peintre.

Voy. Morin (Jean); Lasne (M.); Petit; Balechou; Tardieu (J.); Nanteuil; Duflos (Cl.); Gaillard (R.).

FESSARD (Etienne), graveur, né à Paris en 1714.

Phelypeaux de Pontchartrain, d'après Achard; 533. — J. Le Thieullier; 547. — Le Clerc de Juigné, arch. de Paris, d'après F. Nogaret; 821.

FEUILLET (J.-B.), sculpteur.

Voy. Audran (B.); Le Canu.

FINSONIUS, peintre belge.

Voy. Coelmans (J).

FIQUET (Etienne), graveur, né à Paris en 1731, mort en 1794.

Guillaume Vavasseur; 14. — Charles Dumolin; 30. — François de Molière; S[r] d'Essertines, d'après Dumonstier; 218. — Madame de Maintenon, d'après Mignard; 293. — La duch. de Fontanges; 327. — Guy-Crescent Fagon, d'après H. Rigaud; 406. — Louis Maimbourg, d'après Nivellon; 421. — Regnard; 434. — Chaulieu, d'après de Troy; 551. — Hyac. Rigaud; 562. — Nic. Bernier; 583. — Ch. Eisen, d'après Vispré; 613. — Louis Chanbert, d'après Darere; 868. — P.-Fr. Le Courayer; 869. — Marie Bonneau, dame de Miramion; 888. — De Broussel; 931. — René Pucelle, d'après H. Rigaud; 954. — Lanfranc; 1028. — J.-B. Silva, d'après H. Rigaud; 1032. — Fr. de La Mothe Le Vayer, d'après Nanteuil; 1033. — Fénelon, d'après J. Vivien; 1069. — Saugrain; 1087.

FIRENS (Pierre), graveur et éditeur, né à Paris vers 1601, mort en 1690.

Henri IV; 76. — Louis XIII et Anne d'Autriche jeunes; 186.
Henri IV guérissant les écrouelles; 160. — Le titre des douze Sibylles; 1251.

FITER, peintre.

Voy. Kilian (G.).

FLAMEN (Albert), dessinateur et graveur, né à Paris vers 1620, où il travailla jusqu'en 1664.

Église de St-Victor; 840. — Les Crocheteurs; 1008. — Environs de Paris; 1119, 1120. — Le Château de Percy; 1128. — Vue d'un parterre à Issy; 1140.

Pièces qu'on lui attribue : — Les entourages du portrait de Jansénius; 1218.

FLAMEN (A.), peintre.

Voy. Mathey.

FLIPART (Jean-Jacques), graveur, né à Paris en 1723.

Estampe allégorique, d'après Schlodtz (M.-A.); 517. — Jacq. Dumont, d'après de La Tour; 623. — René Choppin, d'après Jannet; 963. — La Madeleine pénitente, d'après C. Le Brun; 1283.

FOLKEMA (Jacob), graveur, né en 1692, mort en 1767.

Voltaire; 1076.

FONBONE (Quirin), graveur.

Plan de Trianon, d'après P. Le Pautre; 1164.

FONTAINE, peintre.

Voy. Daullé (J.); Dupuis (N).

FORGET, graveur.

Grétry, d'après Melin; 624.

FORNAZERIS. *Voyez* FOURNIER (Isaïe).

FOSSIER, dessinateur.

Voy. Huberé.

FOURIER (E.), architecte.

Voy. Le Pautre (P.).

FOURNIER (Isaïe), graveur lyonnais, plus connu sous le nom de FORNAZERIS.

Mariage de Henri IV et de Marie de Médicis; 139. — Les heureuses alliances de la France et de l'Espagne; 247. — Grégoire de Valentia; 874.

FOURNIER (Isaïe), le même.

Voy. Leu (Thom. de).

FRAICHE (Gu.), dessinateur.

Voy. Ingouf jeune.

FRANÇOIS, graveur.

La comt. d'Olonne, d'après Ph. de Champagne; 334.

FRANÇOIS (Jean-Charles), graveur.

Franç. Quesnay, d'après Fredou; 849.

FRANCQUE (Jérôme), peintre.

Voy. Morin (J.).

FREDOU, peintre.

Voy. François (J.-C.); Tillard.

FRIÈRE, graveur.

Jean Du Houssay; 876.

FROSNE (Jean), graveur de 1630 à 1673.

Le petit Beauchasteau, d'après Hans; 431. — Réception du duc d'Anguyen par la reine-mère et le roi; 643. — Huit portraits de maréchaux de France; 1241.

GAGNIÈRE. *Voyez* Ganière.

GAILLARD (R.), graveur, né à Paris, en 1722, mort en 1785.

François d'Aubusson; 308. — Jean Mabillon; 426. — Marie-Louise-Thérèse-Victoire de France, d'après Nattier; 513. — H. de Grandjean, d'après Deshais; Guill. Grandjean, d'après le même; 809. — Guill. Chartier, évêque de Paris, d'après J. Robert; 807. — Chr. de Beaumont, arch. de Paris, d'après J. Chevallier; 821. — Basile Duchesne, d'après J. Chevallier; 868. — Franç. Castanier, d'après H. Rigaud; 964. — André Dacier, d'après Ferdinand; 1071. — Louis Racine; 1075.

GAITTE, graveur, né à Paris, en 1753.

Plan de la Bastille, d'après Cathala; 759.

GALLE (Corneille), le jeune, graveur, né à Anvers, vers 1600.

Henriette-Marie de France; Charles Ier, roi d'Angleterre, d'après Nic. Vander Horst; 105.

GANIÈRE (Jean), graveur à Paris, mort vers 1698.

Marie, duch. de Montpensier; 650.

Louis XIV jeune; 256.

Portrait qu'on lui attribue : Gaston, duc d'Orléans; 647.

Excudit : Marie de Médicis; 102.

GANTEL (Etienne), graveur.

Jean Garnier; 873.

GANTRET.

Charles Duchemin; 884.

GARAND, dessinateur.

Voy. Chenu.

GARBIZZA.

Voy. Coquerel.

GARDETTE (de la), graveur.

Raymond Revoire; 868.

GASCARD (Henri), peintre.

Voy. Pationy (J.).

GASTINEL (Jean-Claude).

Voy. Saint-Aubin (A. de).

GAUCHER (Charles-E.), graveur, né à Paris, en 1740, mort en 1803.

Le duc de Cossé-Brissac, d'après Pougin de St-Aubin; 602. — Lamoignon-Malesherbes; 604. — Jacq.-Phil. Le Bas, d'après Cochin; 619. — J.-B. Marduel, d'après Davesne; 858. — Fénelon, d'après J. Vivien; 1068. — Franç. Hénault, d'après Cochin; 1072.

GAULTIER (Léonard), graveur, né à Mayence en 1552, mort à Paris en 1641.

Henri III; 46. — Henri IV (le sceptre de milice); 77. — Henri IV à cheval; 78. — Henri IV; 79, 81. — Henri IV au milieu de sa famille; 89. — Marie de Médicis (la couronne de justice); 97. — Marie de Médicis; 98. — Jacques de Villamont; 127. — Joseph du Chesne; 130. — Jean de Renou; 132. — Pierre Ayrault; 139. — J. Papire Masson; 141. — Louis XIII, enfant; 166. — Louis XIII, jeune; 167. — Louis XIII à cheval; 168. — Louis XIII avec le sceptre et la couronne; 169. — Louis de la Valette; 204. — Louise Bourgeois; 220. — Nicolas Abraham, d'après Dumonstier; 222. — Thomas Sonnet; 227. — Métezeau; 242. — Henri, prince de Condé; 635, 637, 638. — Frontispice d'un livre; 687. — Phil.-Emman. de Lorraine; 671. — La duch. de Guise; 678. — Charles de Lorraine, duc de Guise; 681. — Henri de Gondy, év. de Paris; 808. — Phil. Gamache; 894. — Pierre de Besse; 896. — Guy du Faur, de Pibrac; 912. — Jean Chenu;

158. — Seb. Rouillard ; 959. — Claude Fauchet ; 980. — David Chabot ; 1020. — Nic. de Heere ; 1190. — J.-Pierre Camus ; 1197. — La duch. de Nemours ; 1224. — Le jugement dernier, d'après Michel-Ange ; 1250. — Titres de livres ; 1286.

Portraits qu'on lui attribue : Charles VII, Louis XI, etc., jusqu'à Henri III ; 1. — François II ; 28. — Christophe de Thou ; 911. — Charles de Gonzague, duc de Nevers ; 1227.

Estampes qu'on lui attribue : les heureuses Alliances de la France et de l'Espagne ; 246.

GAULTIER (Léonard).

Sacre et couronnement de Marie de Médicis, d'après Bollery ; 161. — Les heureuses devises du Dauphin ; 243. — Fig. allégor. d'un favori de Louis XIII ; 251.

Vue de Paris ; 698.

Cette estampe est due au burin de Léonard Gaultier, et est connue sous le nom de *Chronologie Collée.*

GAULTIER (Elisabeth), peintre.

Voy. Langlois.

GAUTROT.

Son adresse : Le Dauphin, fils de Louis XV ; 515.

GAVARD, éditeur.

Marie-Adélaïde de Savoie ; 286.

GAYWOOD, graveur anglais, né vers 1650.

Marie-Thérèse d'Autriche ; 274.

GERARDIN, graveur.

Agnès Sorel ; 2.

GHEYN (Jean de), graveur.

Henri, prince de Condé ; 686.

GIFFART (Pierre), graveur, né en 1648, mort en 1723.

Louis XIV ; 262. — Françoise d'Aubigny ; 292 ; Vue de la machine de Marly, d'après L. Creuil. 1176.

GILBERT (G.).

Voy. Habert (N.).

GILLOT (Claude), de Langres, peintre.

Voy. Aubert (J.) ; Huquier.

GIRARD (F.), graveur, né à Vincennes, en 1780.

Madame Guizot, d'après Ary Scheffer ; 1246.

GIRARDET.

Voy. Niquet (Cl.).

GMELIN (G.), graveur, né en 1745, mort en 1821.

La Cène, d'après Holbein ; 1288.

GOBERT, peintre.

Voy. Audran ; Drevet (P.) ; Pitau (N.).

GOIRAND (Claude), graveur, ou GOYRAND, né à Sens vers 1620.

Jacq. du Lorens, d'après Aug. Quesnel ; 429. — Environs de Paris ; 1122. — Vue de l'aqueduc d'Arcueil ; 1123. — Château de Bicêtre ; 1124.

GOIS, dessinateur.

Voy. Jacquinot (L.).

GOLE (Jacob), graveur, né en 1660, mort vers 1730.

Louis XIV en pied ; 264. — La marquise de Montespan ; 296.

GOLTZIUS (Heinrich), graveur, né en 1558, mort en 1617.

Henri IV ; 63. — Joseph Scaliger ; 136.

GOURDANT (J.), peintre.

Voy. Habert (N.).

GOURDELLE (P.).

Excudit : 23. — 34. — 663. — 674. — Louis de Lorraine, card. de Guise ; 675. — 678. — 1224.

GOURMONT (Jean de), graveur.

Charles, card. de Bourbon ; 111.

GRANTHOMME (Jacques), graveur, né à Heidelberg vers 1560.

François, duc d'Alençon ; 23. — Elisabeth d'Autriche ; 34. — Henri IV ; 64. — Henri, prince de Condé ; 638. — Le duc de Lorraine ; 663. — Charles de Lorraine, card. de Guise ; 674.

GRASSI (Bartholomio).

Excudit : 697.

GRAVELOT (Hubert).

Voy. Henriquez (B.-L.) ; Le Mire (N.).

GREUZE (J.-B.), peintre.

Voy. Saint-Aubin (A. de).

GRIBELIN (S.), dessinateur.

Voy. Landry (P.).

GRIFFART. *Voyez* GIFFART.

GRIGNON (Jacques), graveur.

Jacques Cœur ; 3. — Jean Bureau ; 6. — César, duc de Vendôme, d'après Mignard ; 116. — Charlotte de Harlay ; 324. — Marie de Neufville ; Françoise de Neufville ; 334. — Antoine Vallot ; 405. — Henri, duc d'Anguien ; 644. — Vincent de Paul, d'après Herault ; 805. — F. de Vertamon, d'après C. Le Febure ; 953.

GROS, dessinateur.

Voy. Deslieus.

GROSSARD (Rosalie), peintre.

Voy. Massard (F.).

GUAY, peintre.

Voy. Pompadour.

GUDIN.

Voy. Broguet.

GUELARD (J.), graveur.

Bolureau, d'après Spoëde ; 572.

GUERARD, graveur.

Vues de l'aqueduc d'Arcueil ; 1125. — Vue de l'aqueduc de Maintenon ; 1141.

Son adresse : — Marche du corps de ville pour l'érection de la statue équestre du roi (Louis XIV) ; 731.

GUERIN (C.), graveur.

Le card. de Rohan ; 604.

GUERINEAU ou GUÉRIGNAU.

Excudit : 650. — Le Procès comique ; 1094.

GUEROULT DU PAS.

Vues de Paris ; 718. — Vue de la Salpêtrière ; 996.

GUERRY (N.).

Voy. Duflos (Cl.).

GUESLIN, peintre.

Voy. Audran (B.) ; Dupuis (Ch.) ; Schmidt (G.-F.)

GUIARD (Madame), peintre.

Voy. Avril (J.-J.).

GUIBERT.

Elis.-Charlotte de Bavière, duch. d'Orléans, d'après H. Rigaud ; 655.

GUILLET (G.-F.), dessinateur.

Voy. Ingouf.

GUNST (P. de).

François d'Alençon, d'après Adr. Vander Werff 25.

HABERT (Nicolas), graveur, né à Paris en 1660.

Sébastien du Cambout, d'après Jouvenet ; 321.

— Angélique Arnauld ; 328. — Louise-Anastasie de Serment, d'après J. Le Febure ; 330. — P. Le Pelletier ; 345. — Michel Le Tellier ; 365. — Denis de Bullion ; 386. — Louis Maimbourg ; 421. — Fr. Ogier, d'après C. Gilbert ; 860. — Gorin de Saint-Amour ; 895. — Jean Burlugay, d'après Etienne ; Laurent Boucher, d'après J. Gourdant ; 900. — Ant. Lemaître, d'après Champagne ; 962. — Jacq. Defita, d'après N. de Quoy ; 985. — Molière, d'après Mignard ; 1101.

Hainselman (Joh.), graveur, né à Augsbourg en 1641, mort en 1693.

Le marquis de Louvois, d'après Ferd. Voet ; 343. — Claude Le Pelletier ; 345. — Louis de Boucherat, d'après la médaille de Molart ; 366.

Halbeck (Jean Van), graveur au XVIIe siècle.

Louis XIII à cheval ; 183 (*Voy.* Leu (Th. de) ; Jean Riolan ; 1030.

Le sacre de Louis XIII ; 245.

Halbou (Louis), graveur, né en 1730.

J. Astruc, d'après C. Monnet ; 548.

Halle.

Minerve annonce la paix à la ville de Paris ; 625.

Halm, dessinateur.

Voy. Tardieu (la veuve).

Hans, peintre.

Voy Frosne (J.).

Harlingen (Pierre Van), dessinateur.

Voy. Eillart (J.).

Haussard, graveur.

Jean-Franç. Escalle ; 901.

Heinz (Joseph).

Voy. Sadeler (G.).

Henriquez (B.-L.), graveur, né à Paris en 1732.

Hubert Gravelot, d'après lui-même ; 578. — Phil. Bouvart, d'après Bourgoin ; 608. — L.-Cl. Cadet, d'après Bourgeois ; 608. — L.-Séb. Mercier, d'après A. Pujos ; 612.

Henriquez (L.-M.), graveur.

Diderot, d'après L.-M. Van-Loo ; 611.

Henriquez (N.-R.), dessinateur.

D'Alembert ; 611.

Hérault.

Voy. Grignon.

Herisset.

Vue de la cour du château de Versailles ; 1169.

Hirschmann (J.-L.), peintre.

Voy. Preisler (G.-M.).

Hischbein, peintre.

Voy. Charpentier (Le).

Hofman (Jean).

Excudit : Louis XIV à cheval ; 258.

Holbein (Jean), peintre.

Voy. Gmelin (G.) ; Hübner (B.).

Hollar (W.), graveur.

Etienne della Bella, d'après Stocade ; 461.

Hondius (Henri).

Son adresse : 43.

Honneruogt (J.).

Excudit : La Farce des Grecs, d'après Jenet ; 1090.

Hooghe (Romain de).

Mardi gras de coq à l'asne ; 496. — Vacarme au Trianon ; 496. — Batailles, supplices et tyrannies des Français en Hollande ; 1280.

Horbeck (Guillis), graveur.

Ambroise Paré ; 57.

Horst (Nicolas Van der).

Voy. Galle (Corn.).

Hortremets (Marie-Hyac.), graveur.

Henri de Thiard de Bissy, d'après H. Rigaud ; 870.

Houdon, sculpteur.

Voy. Dolvaux ; Tardieu (P.-Alex.).

Houve (Paul de la).

Excudit : 63.

Huart.

Excudit : 793.

Huber (J.-J.-J.), graveur.

Mademoiselle d'Oligny, d'après M. Van-Loo ; 1106.

Hubert (François), graveur, né à Abbeville en 1740.

Louis XV ; 507. — Le duc de Cossé-Brissac, d'après Fossier ; 602. — Fréron, d'après Cochin ; 612.

Hübner (B.), graveur.

La Cène, d'après Holbein ; 1285.

Huchtenburgh, graveur, né à Harlem en 1646, mort en 1733.

Marche du roi (Louis XIV) passant sur le Pont-Neuf, d'après Van der Meulen ; 477.

Hulpeau (C.).

Excudit : 1008.

Hulsius (Frédéric).

Henri II ; 19.

Humbelot.

Excudit : Phil. de la Motte-Houdancourt ; 300.

Humblot, dessinateur.

Voy. Ravenet.

Humblot (A.).

La rue Quinquempoix en 1720 ; 720.

Humblot (J.), graveur.

François de Bassompierre ; 203.

Huot (François), graveur à Paris.

Court de Gebelin, d'après A. Pujos ; 612. — Nic. de Launay, d'après A. de Saint-Aubin ; 619.

Huquier, graveur.

Scènes arlequinades, d'après Gillot ; 1116.

Huquier.

Son adresse : Les cris de Paris ; 1018.

Huquier (J.-G.), fils, dessinateur.

Voy. Michel (J.-B.).

Huret (Grégoire), graveur, né à Lyon en 1610, mort en 1670.

Louis XIII, portrait allégorique. — Louis XIII, avec les attributs d'Hercule. — Louis XIII, le Dauphin, le card. de Richelieu et d'autres personn. ; 180. — J. Mestrelat ; 907.

Allégorie de la ville de Lyon ; 248. — Louis XIII vouant le Dauphin à la Vierge ; 251. — Frontispice de l'ouvrage : *Palatium eloquentiæ* ; 643. — La Farce à quatre personnages ; 1096. — Gros-Guillaume ; 1099. — Henri de Savoie ; 1225.

Hurtrelle, graveur.

Louis Raveau ; 884.

Ingouf (P.-C.), graveur, né à Paris en 1716.

Albert, duc de Luynes, d'après G.-F. Guillet ; 523.

Ingouf (Fr.-Robert), graveur, né à Paris en 1747.

J.-N. Regnauld, d'après mademoiselle Loir ; 850.

Ingouf jeune, graveur.

Jean Baseilhac, dit frère Côme, d'après G. Fraiche ; 609. — Jolyot de Crébillon, d'après Marillier ; 1074 ;

Voy. Duflos (Cl.); Drevet (P.); Edelinck (G.); Vangelisty (V.); Schuppen (P. Van); Chereau (F.); Will J.-G); Desrochers; Tardieu (J.); Roullet (J.-G.); Daudet; Petit; Desplaces (G.).

LARMESSIN (Nic. de), né à Paris vers 1640.

Marie de Médicis; 102. — François de Vendôme; 117. — J. Papire Masson; 141. — Louis XIII; 182. — Anne d'Autriche; 190. — Nic. Lefèvre; 221. — Louis XIV (quatre portraits différents); 264. — Marie-Thérèse d'Autriche; 275. — Louis, dauphin; 277. — Marie-Anne-Christine de Bavière; 281. — Le duc de Bourgogne, enfant (deux portraits différents); 283. — Philippe, duc d'Anjou; 287. — Le duc de Berry; 291. — Madame de Maintenon; 292. — Marie-Anne, légitimée de France; 296. — Anne, duc de Noailles; 300. — Le maréchal d'Aumont; le duc de Tresmes; François Colbert; 303. — Le maréchal de Grammont; le maréchal de Sennetерre; le maréchal de Villeroy; le comte d'Estrades; 307. — Le duc de Créquy; le duc de Schomberg; le maréchal d'Humières; le marquis de Lavardin; le maréchal de Duras; Charles de Montauzier; 308. — Henri, comte du Lude; 313. — Le duc de Chevreuse; 313 bis. — Le duc de la Meilleraye, d'après Langlois; 313 bis. — Le duc de la Meilleraye; 313 bis. — Basile Fouquet; 351. — Colbert; 355. — Denis Talon; 388. — Hippolyte, comte de Béthune; 402. — Louis XV, d'après Van Loo; 504. — Marie Leczinska, d'après Van Loo; 510. — Marie-Thérèse, dauphine, d'après Van Loo; 515. — Nic. Bion; 546. — Claude Hallé, d'après Le Gros; 560. — Guill. Coustou, d'après de Lyen; 580. — Phil., duc de Bourgogne; Jean, duc de Bourgogne; Philippe le Bon; Charles, dit le Belliqueux (quatre portraits d'après Van Eyck); 627. — Louis-Armand, prince de Conti; 642. — Louis, prince de Condé; 643. — Henri, duc d'Enghien; 644. — Anne-Marie-Louise d'Orléans; 652. — Philippe, duc d'Orléans; 652. — Elis.-Charlotte de Bavière, duchesse d'Orléans; 655. — Isabelle d'Orléans, duchesse de Guise; 663. — Philippe de Lamet, d'après Merelle; 852. — Madame Helyot; 979. — Guill. Budé; 1031. — Jean Passerat; 1034.

Les ambassadeurs du roi de Siam; 485.

LA RUELLE (Claude de).

Voy. Brentel (F.)

LASNE (Michel), né à Caen en 1596 et mort à Paris en 1667.

François Rabelais; 16. — François Quesnel, d'après lui-même; 60. — Louis XIII, en pied; 173. — Louis XIII, à cheval; 175. — Anne d'Autriche; 189. — Anne d'Autriche, en deuil; 190. — Anne d'Autriche, d'après C. Champagne; 191. — Anne d'Autriche, d'après Nocret; 192. — Anne d'Autriche, devant un miroir; 199. — Le maréchal de Châtillon; 204. — Charles de Créqui; 208. — Armand, duc de Richelieu; 212. — Richelieu; 212. — Nicolas Brulart; 214. — Charles Bernard; 216. — Isaac de Laffemas; 217. — Antoine de Loménie, d'après Ferdinand; 217. — Louis Petit; 221. — David de Planis Campy; 224. — Le même, d'après Dumonstier; 224. — Claude Mollet; 223. — Le P. Nicéron; 228. — Jacques Callot; 240 (*Voy.* Custodis (R.). — Métezeau; 242. — Louis XIV, jeune; 255. — Mazarin; 335. — Le même, en pied; 335. René de Longueil, d'après Champagne; 349. — Pierre Séguier; 359. — Nicolas de Bailleur; 369. — Michel Ferrand; 371. — Sébastien Hardy; 385. — Henri de Maupas; 391. — René Moreau; 409. — Abel Brunyer; 410. — Charles Sorel; 426. — Jean Loret; 430. — Puget de la Serre, d'après Van Dyck; 431. — Jabach; 460. — Henri, prince de Condé; 639, 640. — Armand, prince de Conti; 641. — Saint François de Paule; 805. — J.-Fr. de Gondy, archevêque de Paris; 809. — J.-Fr.-Paul de Gondy, archevêque de Paris; 814. — Le cardinal François de La Rochefoucauld; 833. — Jacq. Doublet; 866 — Franç. de Harlay, d'après Dumonstier; 881. — André Duval; 897. — Henri de Mesmes; 918. — Mathieu Molé; 920. — Fr.-Théod. de Nesmond; 927. — Louis de Bailleul; 934. — Jacq. Talon; 939. — M. Tubeuf; 952. — Nicolas Richelet; 957. — Nicolas Chevalier; 978. — Ant. Ferrand; 983. — Etienne Binet; 1035. — Pierre de Marcassus, d'après Du Monstier; 1038. — Balthazar Baro; 1049. — Pierre Corneille; 1056. — Charles Bernard; 1187. — Domin. Séguier; 1189. — Jacq. Dorat; 1194. — Henri de Sponde; 1202. — Michel Tubeuf; 1204.

Portraits qu'on lui attribue : Pierre de Broussel; 950. — Jean-Bapt. Haultin; 984.

Ramonne la cheminee haut-ebas; 1009.

LASSÆUS (Nicolas), graveur.

J.-Jacques Boissard; 138.

LAUNAY (N. de).

Madame Deshoulières; 433. — Séb. Le Clerc, d'après Nonnotte; 464. — J. de Troy, d'après Aved; 564. — Le comte de Tressan, d'après Borel; 611. — Arm.-Jérôme Bignon, d'après F. Drouais; 989. — Fontenelle, d'après Voiriot; 1067.

LAURENT, graveur.

Marc-Louis Royer, d'après A. Pujos; 852.

LE BAS (Jacq.-Phil.), graveur.

P.-Jacq. Cazes, d'après Aved; 565.

Feu d'artifice tiré devant l'hôtel de ville, d'après Du Mesnil; 592. — Deux autres feux d'artifice tirés devant l'hôtel de ville, d'après Damun; 592. — La Grandeur; 1016. — Les Cris de Paris; 1018.

LE BEAU, graveur.

Louis Phelypeaux de la Vrillière, d'après Marillier; 533. — Louis XVI, d'après Nicollet; 596. — La Harpe, d'après Desrais; 612. — Le Clerc de Juigné, d'après Desrais; 821. — J.-B. Gerbier, d'après Pujos; 965. — De Raucour; 1106.

LE BEL (J.), peintre.

Voy. Scotin (J.-B.).

LE BESGUE (Pierre), dessinateur.

Château de Mauregard; 1191.

LE BLOND (Jean)

Excudit : 199. — 253. — 783. — 784. — 785. — 788. — 790. — 792. — 794. — 1011. — 1012. — 1097. 1257.

Son adresse : 117. — Personnages de théâtre; 1108.

LE BLOND, le jeune.

Excudit : 1100.

LE BLOND, peintre.

Voy. Drevet (P.).

LE BRUN (Charles), peintre, né à Paris en 1619, mort en 1690.

Voy. Rousselet (G.); Schuppen (P. Van); Poilly (Fr.); Nanteuil (R.); Baudet (E.); Edelinck (G.); Nolin (J.); Le Clerc (S.); Drevet (P.); Flipart (J.-J.); Picault (P.).

LEBRUN (S.-V.), peintre.

Voy. Cathelin (L.-J.).

LE CANU, graveur.

Plan et élévation du tombeau de Franç. Feu, d'après Feuillet; 851.

LE CLERC (Jean).

Jeanne d'Arc; 2.

Excudit : 46. — 47. — 81. — 89. — 98. — Catherine de Bourbon; 110. — 114. — L'Entrée de Henri IV à Paris, d'après Bollery; 155. — 161. — 166. — 168. — 183. — 243. — 245. — Phil.-Emman. de Lorraine; 670. — 681.

LE CLERC (Sébastien), graveur, né à Metz en 1637 et mort à Paris en 1714.

Les Quatre Conquêtes, d'après Ch. Le Brun; 478.

Les Faubourgs de Paris; 719. — Vue de l'église des Petits-Augustins; 827. — Vue de la Salpêtrière; 996. — L'Académie des Sciences; 1080. — Vues du château de Vincennes; 1158. — La grande destruction de Lustucru; 1279.

LE CLERC (A), le jeune.

Pierre Pomet; 1007.

LE COEUR, graveur.

Louis XVI (au premier citoyen), d'après Bertaux; 596.

LE FEBVRE (Claude), peintre, ou Lefébure.

Voy. Pitau (N); Schuppen (P. Van); Audran

(B.); Boulanger (J.); Edelinck (G.); Cossin (L.); Landry (P.); Poilly (N.); Grignon (J.).

LE FÉBURE (J.), peintre.

Voy. Habert (N.); Balechou.

LE FEFEBURE (N.), peintre.

Voy. Moyreau (J.). Duflos (Cl.).

LE FÉBURE.

Charles Patin; 414. — Paul Portal, d'après Revel; 414.

LE GRAND (P.-F), graveur.

Duval d'Epremesnil, d'après Bernard; 942.

Mesmer, d'après Pujos; 608. — Pilastre de Rozier, d'après Pujos; 1002.

LE GROS, peintre.

Voy. Larmessin (N. de).

LEMAIRE, dessinateur.

Voy. Delvaux.

LE MIRE (Noël), graveur, né à Rouen en 1723.

Claude Rousselet, d'après Robin; 869. — Clairon, d'après Gravelot; 404.

Fête publique à l'occasion du mariage du dauphin, d'après Fr. Blondel; 999.

LEMOINE (J.-B.), dessinateur.

Voy. Daullé (J.); Basan; Janisset.

LEMONNIER, dessinateur.

Voy. Marchand (J.).

LEMPEREUR (Louis-Simon), graveur, né à Paris vers 1725.

Phil. Cayeux, d'après Cochin fils; 576. — Coppette, docteur en Sorbonne, d'après Méon; 895. — Barthélemy-Gabriel Rolland, d'après Suvé; 938. — Cl.-H. Watelet, d'après Cochin; 1078.

LE MUET, architecte.

Manière de bâtir pour toutes sortes de personnes; 770.

LENFANT (Jean), graveur, né à Abbeville vers 1615, mort à Paris en 1674.

Louis XIV, à cheval; 285. — Le marquis de Châteauneuf, d'après J. Dieu; 342. — Nicolas Blasset; 450. — Charles Paris d'Orléans; 661. — Claude de Benichère; 843. — Jean-Baptiste Decontes; 846.— La sœur Marie de l'Incarnation; 886. — Pompone de Bellièvre; 922. — Guillaume de Nesmond; 932. — Jean Coquerel; 1036. — Jacques d'Auvergne; 1039.

LE PAUTRE (Antoine).

L'Église de Port-Royal; 837.

LE PAUTRE (Jean), graveur, né à Paris en 1617, mort en 1682.

Antoine Le Pautre; 467 bis.

Le Sacre de Louis XIV; 471. — Pièces d'artillerie fondues à Paris, d'après J.-B. Keller; 493. — La Maison du président de Bretonvilliers; 773. — Entrée à Paris de Louis XIV et de Marie-Thérèse d'Autriche; 1288.

Pièces qu'on lui attribue : Vue de Paris; 698. — Le Mausolée du duc de Beaufort; 1231.

LE PAUTRE (Pierre), graveur, mort à Paris en 1744.

La Place de Louis-le-Grand; 730. — Magasin royal des armes à Paris, d'après E. Fourier; 761.

LE PAUTRE (Pierre), dessinateur.

Voy. Fonbone.

LÉPICIÉ (Bernard), graveur, né à Paris en 1699, mort en 1755.

Louis de Boullongne, le fils, d'après H. Rigaud; 437. — Nic. Bertin, d'après de Lyen; 561. — Cl. Capperonnier, d'après Aved; 1042. — Charlotte Desmarres; 1102. — Catherine de Seine, d'après Aved; 1102.

Vue du château de Grosbois, d'après J.-B. Rigaud; 1139.

LE PRIEUR (A.), peintre.

Voy. Drevet (P.).

LE ROUGE.

Plan de Paris; 708.—Vue de la place Louis XV; 733.

LE ROY (Marcel).

Dessin d'un pont à bâtir à Paris; 738.

LESPINE (N. de).

Voy. Marot (J.).

LESUEUR (Eustache), peintre.

Voy. Schuppen (P. Van); Cochin (Ch.-N.).

LE SUEUR (N.), peintre.

Voy. Aubert.

LE SUEUR (P.), peintre.

Voy. Will (J.-G.).

LE SUEUR, peintre.

Voy. Chenu.

LE TELLIER, peintre.

Voy. Romanet (A.).

LEU (Thomas de), dessinateur et graveur, né à Paris au milieu du XVIe siècle, mort vers 1620.

François Ier; 8. — Éléonor d'Autriche; 10. — François de Valois; 11. — Catherine de Médicis; 23. — Marie Stuart; 30. — Charles IX; 35. — Henri III; 45. — Louise de Lorraine, d'après Quesnel; 52. — Anne, duc de Joyeuse; 53. — René, cardinal de Birague; 54. — Antoine, sire de Pons; 55. — Bertrand d'Argentré; 59. — Henri IV, d'après Isaïe Fournier; 65.—Henri IV; 66; — Henri IV, sur son lit de justice; 67. — Henri IV, d'après Fr. Quesnel; 68. — Henri IV, en pied; 69. — Tombeau de Henri IV; 69. — Buste de Henri IV, d'après Bunel; 70. — Buste de Henri IV; 71. — Henri IV, à cheval; 72. — Marguerite de Valois; 94. — Catherine de Bourbon; 110. — Charles de Bourbon, cardinal; 112. — Henriette de Balzac, d'après Quesnel; 113.— Charles de Gontaut de Biron; 118. — Louise de Budos; 119. — Ange Cappel, d'après Fournier; 126. — Arnauld Sorbin; 129. — P. Pigray; 133. — Blaise de Vigenère; 136. — Pierre Charron; 140. — Cl. Hopil; 143. — Henri Aubert; 145. — Simon Poncet; 146. — Marc Papillon, dit le capit. Laphrise; 147. — Pierre de Brach; 148. — Antoine Caron; 149. — Jean de Beaugrand, d'après Dumonstier; 150. — Jean de Beaugrand; ibid. — Copie du Louis XIII, à cheval, de J. Van Halbeck; 183. — François de Lesdiguières; 202. — Louis de la Valette; 204. — Louis Servin; 218. — Nicolas Lefèvre; 221.—Nicolas Abraham de la Framboisière; 222. — Nic. Habicot, d'après Dumonstier; 224. — Charles de Bourbon; 628. — Henri, duc de Montpensier; 631.—François, prince de Conti; 632.—Jeanne de Coesme, d'après Quesnel; 622. — Charles de Bourbon, comte de Soissons; 633. — Henri, prince de Condé; 635, 636.— Charles, duc de Lorraine; 660. — Henri de Lorraine; 667. — Henri de Lorraine, comte de Vaudemont; 669. — Philippe-Emman. de Lorraine; 670.— Louis de Lorraine, cardinal de Guise; 675, 676.—Henri, duc de Guise; 677.—Louis II, cardinal de Guise; 679. — Charles de Lorraine, duc du Mayne; 680; — Le chevalier d'Aumale; 684. — Pierre de Gondy, évêque de Paris; 807. — Grég. de Valentia; 875. — Pierre du Moulin; 908, 909. — Bon de Broë; 943. — Ant. de Murat; 944. — Guydo de La Vau; 945; — Jean Passerat; 1033, 1034. — Le duc de Nemours; 1224. — Henri de Savoie; 1225. — Guill. du Blanc; 1230. — Les Douze Sybilles; 1251. — Titres de livres; 1286.

Excudit : Henri de Lorraine; 667. — Charles Emmanuel, duc de Savoie; 693.

Portraits qu'on lui attribue : François, duc d'Anjou; 24. — Elisabeth d'Autriche; 35. — Bernard de La Vallette; 53. — Jean de la Boissière; 144. — Le Gagneur, d'après Dumonstier; 151.— Antoine de Bourbon; 629. — Jean de Bourbon, comte d'Anguyen; 630.

Le Sacre de Louis XIII, d'après Fr. Quesnel; 244.

LEVASSEUR, graveur.
L'abbé d'Olivet, d'après Restout ; 1072.

LEVESQUE (Charles), graveur.
Eugène Hay, d'après Lambert ; 523.

LE VILLAIN (G.-R.), graveur.
Jean-Et. Parent, d'après Vestié ; 855. — J.-Fr. Dufour de Villeneuve, d'après F. Mauperin ; 985.

L'HERMITE, peintre.
Nic.-Pierre Guéret ; 858.

LIBON DAUTECOMBE, peintre.
Voy. Cathelin.

LIÉBAULT, peintre.
Jean des Moulins ; 851.

LIÉFRINCK (Hans).
Excudit : 19. — Elisabeth, fille de Henri II ; 20.

LINGÉE (Madame), graveur, née en 1753.
La marquise de V***, d'après A. Pujos ; 332.— Ant. Petit, d'après Cochin ; 608. — Nau Deville, d'après J.-M. Moreau, le jeune ; 623. — J.-H. Marchand, d'après A. Pujos ; 1089.

LIOTARD (Jean-Étienne), peintre.
Voy. Mellini ; Dupin (P.) ; Littret (A.-C.).

LITTRET DE MONTIGNY (C.-A.), graveur, né à Paris en 1735, mort à Rouen.
Le comte de Caylus ; 577. — Hyac.-Théodore Baron ; 608. — De Belloy ; 1075. — Favard, d'après Liotard ; 1106.

LIVENS.
Vue de Paris, prise du pont Royal ; 740.

LOCHOM ou LOCHON (René), né à Poissy en 1636.
Jacques de Matignon ; 53. — Samuel Bochart ; 422. — Louis Messier ; 852. — Jacq.-Auguste de Thou, d'après Dumonstier ; 913. — Denis Talon ; 983. — Anne Rousselet ; 992.

LOCHOM (Michel Van).
Son adresse : Portraits divers ; 1238.

LOIR (Alexis), peintre et graveur, né à Paris en 1640, mort en 1713.
Charles Gérin ; 850. — J.-Léon Secousse, d'après H. Rigaud ; 963.

LOIR (Marie-Anne), peintre.
Voy. Langlois (P.-G.) ; Ingouf (Fr.-R.).

LOIRE, peintre.
Voy. Schuppen (P. Van).

LOMBART (Pierre), graveur, né à Paris vers 1612.
De La Fond, d'après H. Gascard ; 427. — Vincent Nevelet ; 946. — Gabr. Chassebras ; 981.

LONGUEIL (Joseph de), graveur, né à Lille en 1736, mort à Paris en 1790.
Moyse de Fontanieu, d'après Joseph Queverdo ; 548.

LORRAINE (de), dessinateur.
Voy. Voyez l'aîné.

LORRAINE (J.-Bapt. de), graveur, né à Paris en 1737.
Chanville, d'après De Lorme ; 1106.

LOUVION (J.-B.), graveur.
Louis XVI ; 896.

LOUYS (J.), graveur.
Louis XIII, d'après Rubens ; 177. — Anne d'Autriche, d'après Rubens ; 195.

LOYE (Herman de).
Excudit : 1188.

LUBIN (Jacques), graveur, né à Paris en 1637.
J. Papire Masson ; 141. — Armand, duc de Richelieu ; 212. — Le président Jeannin ; 213. — Nic.-Cl. Fabri Peiresc ; 228. — Malherbe ; 231. — Voiture ; 232. — Turenne ; 305. — Le maréchal d'Humières, d'après Ferdinand Voet ; 308. — François, comte de Pagan ; 313. — Pierre Séguier ; 362. — René Descartes ; 417. — Arnauld d'Andilly ; 420. — Jacq. Sirmond ; 422. — Denis Petau ; 422. — J.-Fr. Sarrasin ; 428. — Ch. Le Brun ; 436. — Louis, prince de Condé ; 643. — J.-Franç. Senault ; Jean Morin ; 878. — Jean de Launay ; 897. — Ant. Lemaître ; 962. — Cl. Ballin ; 1007. — Pierre Gassendi ; 1037. — Pierre Dupuy ; 1048. — Louis de Balzac ; 1049. — Ant. Godeau ; 1051. — Pierre Corneille ; 1056. — P. Camus ; 1199. — Henri de Sponde ; 1203.

LUCAS (Auger), peintre.
Voy. Desrochers.

LUIKEN (Jean), graveur, né à Amsterdam en 1649, mort en 1712.
Edit de Nantes ; 158. — On assomme les protestants ; 480. — Révocation de l'édit de Nantes ; 480.

LUIKEN (Gaspar), graveur, né à Amsterdam vers 1660.
La Saint-Barthélemy ; 42.

LUTEREL (E.).
La duchesse de La Vallière ; 285.

LYEN (de), peintre.
Voy. Wille ; Lépicié (B.) ; Larmessin (N. de).

LYMENDE (Jacques), graveur.
Jacq.-Aug. de Thou ; 914.

MACRET (C.), graveur, né à Abbeville en 1752, mort à Paris en 1783.
Ant. Petit ; 608.

MAES (Pierre), graveur.
Marie Stuart ; 29.

MALBESTE, graveur.
Forleuze, oculiste ; 610.

MALEUVRE (Pierre), graveur, né à Paris en 1740.
Poullain de Sainte-Foix, d'après Pougin de Saint-Aubin ; 1075.

MALLERY (C. de), graveur.
Marie de Médicis ; 96. — Chalvet, d'après Dumonstier ; 125. — André Laurent ; 131. — Robert Garnier, d'après Rabel ; 142.

MANESSON-MALLET.
Vue de la Bastille ; 758. — Vue du Grand et du Petit Châtelet ; 760. — Vues du Louvre ; 763. — Des galeries du Louvre ; 763. — Vue de l'église des Carmélites ; 827. — Église de Saint-Germain-le-Vieil ; 833. — Eglise de Saint-Jacques-la-Boucherie ; 834 bis. — Eglises des religieuses de la Mercy ; — des Pères de Nazareth ; 835. — Eglise de Saint-Séverin ; 837. — Eglise de Saint-Yves ; 840. — Vues de l'Hôtel-Dieu ; 996. — Vue de l'Observatoire ; 1025. — Montmartre ; 1153.

MANSART DE JOUY (J.).
Voy. Poilly (N.).

MARAIS, graveur.
P.-Fr. Basan, d'après Cochin (terminé par Massard) ; 620.

MARAT (Carle), peintre.
Voy. Masson (A.).

MARCENAY (Antoine), graveur, né en Bourgogne vers 1723.
Turenne ; 805. — Le maréchal de Saxe, d'après Liotard ; 819.

MARCHAND (J.), graveur.
Bertr. de Pibrac, d'après Lemonnier ; 550.

MARIETTE (Jean), graveur.
Anne de Melun ; 327.
Son adresse : 718. — 730. — 731. — La pompe

de la Samaritaine; 748. — 750. — La porte Saint-Antoine; 758. — Vue de l'Arsenal; 761. — Vue de l'hôpital de Saint-Louis; 998. — Mèzetin; 1113. — 1145. — 1147. — 1154. — 1172.

MARIETTE (P.).

Excudit : 214. — 252. — 640. — La porte du chœur de Saint-Jean en Grève; 834 bis. — Anne de Roussy; 886. — 1096. — Scène du théâtre de Gaultier Garguille; 1098. — 1099. — Briguelle et Trivelin; Polichinelle et Pantalon; 1112.

Son adresse : 16. — 46. — 207. 628. — 643. La porte Saint-Bernard; 752. — Vue du Val-de-Grâce; 840. — Personnages de théâtre; 1108.

MARILLIER, né à Paris vers 1744.

Voy. Le Beau; Ingouf, jeune.

MARLIE (Renée-Elisabeth), femme de Bern. Lépicié, graveur.

Son portrait, d'après Ch. Coypel; 618. — Esprit Fléchier, d'après H. Rigaud; 1063

MAROT (Jean), graveur, né à Paris en 1640, mort en 1701.

Illumination des galeries du Louvre, 482. — Amphithéâtre de la place Dauphine; 726. — Façade de l'hôtel de Toulouse: 731. — Projet d'une place à faire sur le Pont-Neuf, d'après N. de Lespine; 746. — Vue et perspective de l'élévation des bâtiments du Louvre; 763. — Élévation, façade des bâtiments des Tuileries; 764. — Le palais Mazarin; 769. — Maison de M. de l'Aigle; 772. — Hôtels de la Bazinières de Bouillon; de Beauvais; de Bizeuil; de Bretonvilliers et de Carnavalet; 773. — Hôtel de Cosse; 774. — Porte de l'hôtel d'Émery; Maisons de MM. de Falconi et Hesselin; 775. — Maison appartenant à l'Hôtel-Dieu; Hôtel Jabac; Façade de l'hôtel de Léon; Hôtel de Liancourt: 777. — Hôtels de Lyonne, de Mortemart; 778. — Hôtel du Grand-Prieur; hôtel Pussort; vue de la maison de Salvois; 779. — Hôtels de Séguier, de Senneterre, du président Tambonneau; plans et façades de l'hôtel Tubeuf; hôtel de la Vrillière; 780. — Vue de l'église Saint-André-des-Arts; façade de l'église de l'Assomption; vue de l'église des Bernardins; église des Carmes; vue de l'église de la Charité; 827. — L'église des Chartreux; 829. — Portail de l'abbaye Saint-Germain-des-Prés; 832 bis. — Face d'une maison du cloître Saint-Germain-l'Auxerrois; vue de l'église des Incurables; 833. — Le portail de la maison des Jésuites; 834. — Églises des religieuses de la Mercy; — des Minimes; — de Notre-Dame-des-Champs; 835. — Églises des P. P. de l'Oratoire; 836. — Église de Port-Royal; — des Prémontrés; — de Saint-Roch; — de Saint-Sauveur; de Saint-Séverin; vue de la Sorbonne; 837. — Église et maison du Temple; églises de la Trinité; — du Val-de-Grâce; — de Saint-Victor; 840. — *Te Deum* chanté à Notre-Dame à l'entrée de Louis XIV; 847. — Vue de l'église de la Charité; 895. — Vues de l'Hôtel-Dieu; 996. — Façade du bureau des Drapiers; 1008. — Vue du collège des Quatre-Nations; 1023. — Vue de l'église de Saint-Denis; 453. — Vue du château de Madrid; 1161. — Le château de Richelieu; 1205. — Entrée à Paris de Louis XIV et de Marie-Thérèse d'Autriche; 1288.

MARTENASI (P.), graveur.

Étienne Jeaurat, d'après Cochin; 616.

MARTIN (J.-B.), peintre.
Voy. Bazin (N.).

MARTINET, graveur.

Jacques Daran; 609.
Vues de Paris; 718

MARVIE.

Vue de l'illumination de la rue de la Ferronnerie, d'après Slodtz (la perspective est de Bovart); 891.

MASSARD (F.), graveur.

Fiacre-Joseph de Goy d'après Rosalie Grossard; 880. — Ant. Arnauld; 899.

MASSARD (Jean-Baptiste), graveur.

Le Clerc de Juigné, arch. de Paris; 821
Voy Marais

MASSÉ (J.-B.), graveur, né à Paris en 1681, mort en 1769.

Ant. Coypel, le fils, d'après lui-même; 489.

MASSOL, graveur.
Morellet; 612.

MASSON (Antoine), graveur, né à Louvry, près d'Orléans, en 1636, mort à Paris en 1700.

Louis, duc de Vendôme, d'après Mignard, 311. — André Le Nostre, d'après Carle Marat; 399. — Guill. de Brisacier, d'après Mignard; 401. — Gui Patin; 412. — Pierre Dupuis, d'après N. Mignard; 469. — Marie de Lorraine, duchesse de Guise, d'après P. Mignard; 682. — Henri de Lorraine, comte d'Harcourt, d'après N. Mignard; 687. — Hardouin de Péréfixe, arch. de Paris, d'après N. Mignard; 811. — Henri de Fourcy; 956. — Marin Cureau de La Chambre, d'après Mignard; 1050.

Excudit : Pasquier Quesnel; 879.

MATHEUS.

Louis XI; 4. — Robert Sorbon; 892.

Portrait qu'on lui attribue : Marie de Bretagne, duchesse de Montbazon; 325.

MATHEY (C.), graveur.

Michel-Richard Delalande; 470. — Louis XV, à cheval; 507. — Ant. Coyzevox, d'après H. Rigaud; 579. — Alex. Levier; 861. — Joseph de La Fontaine Solare de La Boissière; 880. — Jean Regnault de Segrais, d'après A. Flamen; 1060. — L'abbé de Vertot; 1079.

MATHIEU.

Voy. Surrugue (L.).

MATTHIEU.

Plan général de la Bastille, de l'Arsenal, des Celestins, etc.; 757.

MATHONIÈRE (Michel de).

Son adresse : 649.

MATHONIÈRE (Nicolas de).

Excudit : 79. — 98. — 167. — 173. — 246.

Son adresse : 163.

MAUPERIN (F.), dessinateur.

Voy. Levillain (G.-R.).

MEERLEN (Théodore Van), graveur.

Nicolas de Harlay; Nicolas de Harlay, fils; Marie Moreau; Jacqueline de Harlay; 120. — Turenne, à cheval; 308. — La duchesse de Villeroy; 324.

La rue Saint-Antoine; 720. — Saint-Eustache; 830.

MELIN, peintre.

Voy. Forget.

MELINY (Ch.-Domin.), graveur.

Jean Bruté, d'après C.-N. Cochin; 902.

MELLAN (Claude), graveur, né à Abbeville en 1601, mort à Paris en 1688.

Anne d'Autriche; 194. — Henri, duc de Montmorency; 206. Bonnet de Toyras; 207. — Le cardinal de Richelieu; 211. — Henriette-Marie de Buade; 219. — Françoise Habert; 219. — Nic.-Cl. Fabri Peiresc; 228. — René de Longueil; 348. — Pierre Séguier; 362. — Louis Berryer; 375. — Daubray d'Offemont; 379. — Gabr. Naudé; 418. — Son portrait; 444. — Armand, prince de Conti; 642. — Louis d'Orléans; 659. — Victor le Bouthillier, archev. de Paris; 810. — Le P. Cæsanne; le P. Yves; le P. Joseph de Paris; 865. — Charles Faure; 867. — Charles de Coudren; 877. — Nic. de Verdun; 917. — Franç. de Nesmond; 925. — Omer Talon; 940. — Pierre Gassendi; 1037. — Louis de Balzac; 1049. — Nic. Coeffeteau, d'après Du Monstier; 1200. — Guido Bentivoglio; 1228.

Portrait qu'on lui attribue : Anne Hue; 219

MELLINI, graveur.

Le maréchal de Belle-Isle, d'après Delatour; 819.

Méon, dessinateur.

Voy. Lempereur.

Merelle, peintre.

Voy. Larmessin (de).

Merian (Mathieu), graveur et éditeur, né en 1593, mort en 1651.

Statue équestre de Henri IV; 98. — Plan et vue de Paris; 699, 702, 704. — La Tour de Nesle, la galerie du Louvre, le Pont-Neuf, etc.; 716. — Vues de la Bastille; 758. — Palais, jardins et grande écurie des Tuileries; 768. — Palais et jardins du Luxembourg; 767. — Hôtels de Soissons, de la Vrillière, de Chevreuse, etc.; 780. — Églises et couvents de Paris; 325. — Vues de l'église de Notre-Dame; 826. — Vue de l'aqueduc d'Arcueil; 1125. — Le château de Bléranconrt; vue du bourg Saint-Rheine; 1127. — Château d'Écouen; 435. — Château de Fresnes; 1137. — Château de Maison; 1143. — Château de Monceaux; 1147 — Vue de Poissy; 1148. — Vues du château de Rincy; 150. — Château de Ruel; 1152. — Le château de Saint-Maur; 1150. — Château et bois de Vincennes; 1159. — Château de Madrid; 1161. — Cascade de Saint-Cloud; 1162. — Vues du château et de la grotte de Meudon; 1165. — La Muette de Saint-Germain; 1180 — Vues du château et des jardins de Fontainebleau; 1184.

Meulen (Van der), peintre.

Voy. Ruchtenburgh.

Meunier.

Voy. Née; Niquet (Cl.).

Meyssens (Jean).

Excudit : Anne d'Autriche; 196. — 461. — 816. — 121 bis.

Michel (J.-B.), graveur.

Gimat de Bonneval; H.-L. Lekain (d'après J.-G. Huquier, fils); 1103. — Angélique Drouin, d'après Colson; 1103. — Marie-Anne Botot Dangeville, d'après P. de Saint-Aubin; 1103.

Michel-Ange.

Voy. Gauthier (L.).

Miereveld (Michel-Jean), peintre.

Voy. Delf (G.-J.), Suyderhoef (J.).

Miger (Simon-Charles), graveur, né à Paris vers 1748.

Servandoni, d'après Colson; 582. — Joseph Caillot, d'après Voiriot; 1088. — Marie-Antoinette, d'après J. Boze; 598. — Antoine Louis, d'après Chardin; 610. — J.-B. Cardon, d'après Cochin; 628. — Nic. Vernier, d'après L.-M. Van Loo; 955. — Gab. de Sartine, d'après L. Vigée; 991.

Mignard (Nicolas), peintre et graveur, né à Troyes vers 1608, connu sous le nom d'Avignon, parce qu'il prit femme en cette ville et qu'il y demeura longtemps, mort à Paris en 1668.

Voy. Schuppen (P. Van); Poilly (N.); Masson (A.).

Mignard (Paul), fils de Nic., peintre.

Voy. Roullet (J.-L.).

Mignard (Pierre), peintre, frère de Nicolas, né à Troyes en 1610, connu sous le nom de Mignard le Romain, à cause du séjour qu'il fit à Rome pendant plus de vingt ans, mort à Paris en 1695.

Voy. Grignon (J.); Nanteuil (R.); Fiquet; Masson (A.); Edelinck; Vermeulen (C.); Roullet (J.-L.); Daullé (J.); Poilly (N.); Pitau (N.); Habert.

Migneret (A.), graveur.

La Harpe, d'après Ducreux; 612.

Motte (P.-E.), graveur, né à Paris en 1722, mort en 1780.

J.-Nic. Moreau; 550. — J. Restout, d'après Delatour; 569. — Jolyot de Crébillon, d'après Delatour; 1074

Molart.

Voy. Hainselman (J.).

Moles (P.-P.), graveur.

Fr. de La Michodière, d'après J.-S. Duplessis; 989.

Moncornet (Balth.).

Excudit : Eléonor d'Autriche; 10. — François de Valois; 11. — François Rabelais; 16. — Henri IV; 85; Marie de Médicis; 101. — César, duc de Vendôme; 116. — Louis XIII; 182. — Charles d'Albret, connétable; 202. — François de Lesdiguières; 202. — Louis de la Valette; 204. — Le maréchal d'Ancre; 205. — Henri, duc de Montmorency; 206. — Henri de Schomberg; 206. — Louis de Marillac; 206. — Bonnet de Toyras; 207. — Henri, duc de Rohan; 208. — Amador de La Porte; 208. — Claude de Bullion; 214. — André Frémiot; 217. Barthélemy Tremblet; 241. — Louis XIV, jeune; 256. — Louis XIV, à cheval; 257. — Louis, dauphin, 277. — Le duc d'Anjou; 287. — Le duc d'Anjou, à cheval; 289. — Marie-Thérèse de France; 291. — Jean de Gassion, le duc de Montbazon, François de L'Hôpital (3 portr.); 300. — François de La Rochefoucauld; 307. — Le duc de St.-Aignan; 307. — Marie de Bretagne, duch. de Montbazon; 325. — La duchesse d'Aiguillon; 327. — Marguerite de Rohan; 328. — Anne de Rohan; 328. — Léon Bouthillier; 346. — Nicolas Le Camus; 350. — Pierre Séguier; 362. — Jérôme Bignon; 388. — Jacques Martin; 416. — Louis de Bourbon, comte de Soissons; 634. — Louis de Bourbon, évêque de Metz; 634. — Henri, prince de Condé; 640. — Armand, prince de Conti; 641. — Anne Martinozzi; 642. — Louis, duc d'Anghien; 643. — Gaston, duc d'Orléans; 648. — Marie, duchesse de Montpensier; 650. — Anne-Marie-Louise d'Orléans; 652. — Henri II, duc de Longueville; 660. — La duchesse de Longueville; 663. — J.-Fr. de Gondy, archev. de Paris; 809. — Le cardinal de Retz; 816. — François Véron; 850. — Le P. Bernard, dit le Pauvre prêtre; 860. — Le P. Joseph de Paris; 865. — Hubert Charpentier; 876. — Edme Aubertin; 906. — Nic. Le Jay; 917. — P. Camus; 1199. — Henri de Sourdis; 1204. — Jean Dubois; 1213. — Saint François de Sales; 1223.

Mondon.

Une chapelle de l'église Saint-Sulpice; 838.

Monnet (Charles), peintre.

Voy. Halbou (L.); Choffard (P.); Saint-Aubin (A. de).

Montagne, peintre.

Voy. Barbery (L.).

Montagne (Nicolas de Plate), graveur, né à Paris en 1631, mort en 1706.

François Ier, d'après Janet; 9. — Sainte Geneviève, d'après Ph. de Champagne; 801. — Pierre Monnerot; 960. — Vincent Barthélemy; 1196.

Moreau (E.), graveur.

Vue de Paris; 699.

Moreau (J.-M.), dessinateur.

Voy. Saint-Aubin (A. de).

Moreau (Louis), graveur, né à Paris vers 1712.

Marguerite de Veni Darbouze; 886.

Moreau (J.-M.), le jeune, dessinateur, né à Paris en 1741.

Serment de Louis XVI à son sacre; 596. — Ouverture des états-généraux; — Constitution de l'Assemblée nationale; 626. — Encadrement du portrait du cardinal Alexandre de Talleyrand-Périgord; 822.

Voy. Lingée (madame); Tardieu (P.-Alex.).

Morel, sculpteur.

H.-A. du Bertrand, d'après Brossard de Beaulieu; 1042.

Morin (Jean), graveur, né à Paris au commencement du XVIIe siècle, où il mourut vers 1666.

Louis XI; 5. — Henri II, d'après Janet; 20. —

Charles de Valois, d'après Phil. de Champagne; 37.—Henri IV, d'après Ferdinand; 84.—Louis XIII, d'après Ph. Champagne; 178. —Anne d'Autriche, d'après Ph. de Champagne; 193. — François, marquis de Gesvres, d'après Ph. de Champagne; 209. — Michel de Marillac, d'après Ph. de Champagne; 215. — Hierosme Francque, d'après lui-même; 234. — Rob.-Arnauld d'Andilly, d'après Ph. de Champagne; 419. — Jacques Lemercier, d'après Ph. de Champagne; 451. — Henri de Lorraine, comte d'Harcourt, d'après Ph. de Champagne; 688. — Dom Grégoire Tarrisse, d'après F. Donstan; 876. — Jean Duverger de Hauranne, d'après Ph. de Champagne; 883. — Augustin de Thou; 910. — Christophe de Thou; 911. — Jacq.-Aug. de Thou, d'après Ferdinand; 914. — Omer Talon, d'après Ph. de Champagne; 940. — Ant. Vitré, d'après Ph. de Champagne; 1085. — P. Camus, d'après Ph. de Champagne; 498. — L'abbé de Richelieu, d'après le même; 1207. — Nic de Netz, d'après le même; 1210. — Corneille Jansenius; 1217. — Guido Bentivoglio, d'après A. Van Dyck; 1229.

Portrait qu'on lui attribue : Jansenius; 1218.

Excudit : 9.

Moyreau (Jean), graveur, né à Paris en 1712, mort en 1762.

Louis XV et Marie Leczinska, d'après Van Loo; 507. — Maurice Le Pelletier, d'après N. Lefebure; 864. — François Leschassier, d'après Fr.-André Dominican; 901. — Pierre Emery; 1086.

Muller (Jean-Gothard), graveur, né à Bernhausen (Wurtemberg) en 1747.

Louis Leramberg, d'après Belle; 465. — Louis Galloche, d'après L. Toqué; 567.

(Ces deux estampes ont été gravées pour la réception du graveur à l'Académie en 1776.)

Muller (Godef.).

Excudit : 221.

Musis (Augustin de).

Voy. Veneziano.

Mytens (Daniel), peintre.

Voy. Delf (G.-J.)

Nanteuil (Robert), né à Reims en 1630, mort à Paris en 1678.

Louis de Vendôme; 116. — François de Vendôme, d'après Nocret; 117. — Anne d'Autriche, d'après Mignard; 197. — Pierre Jeannin; 213. — Voiture, d'après Ph. de Champagne; 232. — Louis XIV; 259, 260. — Bernard, duc d'Épernon; 301. — Le duc de La Meilleraye; 302. — Le vicomte de Turenne, d'après Champagne; 304. — Maurice, duc de Bouillon; 314. — Mazarin; 336, 337, 338, 339, 340. — Le même, d'après Mignard; 341. — De Lionne; 343. — Henri de Guénégaud, d'après Champagne; 344. — Marie de Dragelonne; 347. — René de Longueil; 350. — Basile Fouquet; 351. — Nicolas Fouquet; 352. — J.-B. Colbert, d'après Champagne; 353. — Jehannot de Bartillat; 356. — Pierre Séguier, d'après Ch. Le Brun; 360. — Michel Le Tellier; 363, 364. — André Le Fèvre d'Ormesson; 370. — Jean de Mesgrigny, d'après J. Haret; 372. — Louis Hesselin; 373, 374. — Honoré Courtin; 376. — Pierre Poncet; 378. — Denis-Marin de la Châteigneraie, d'après Dieu; 380. — Louis Phelypeaux de La Vrillière; 383. — Melchior de Gillier; 394. — Madame de Gillier; 394. — P.-Arnaud du Cambout de Coislin; 397. — François Guénault; 407. — Gilles Ménage; 425. — J.-Fr. Sarrasin; 428. — Jean Soret; 430. — Ant. Le Pautre; 467 bis. — Chamillard, ministre; 531. — Henri, duc d'Anghien, d'après P. Mignard; 645. — Henri, duc de Longueville, d'après Champagne; 662. — Charles d'Orléans, comte de Dunois, d'après Ferdinand; 664. — Henri de Lorraine, marquis de Mouy; 673. — Charles-Emmanuel II, duc de Savoie; 692. — Hardouin de Péréfixe, archevêque de Paris; 812, 813. — Le cardinal de Retz; 815. — Harlay de Chanvalon; 818. — Le cardinal de Bouillon; 823. — Marc Bochard de Champigny; 841. — Claude Thévenin; 842. — Michel Le Masle; 844. — Hippolyte Feret; 857. — Charles Faure; Edouard Molé; 913. — Henri de Mesmes; 917 bis. — Jacques Le Coigneux, d'après Beaubrun; 919. — Mathieu Molé; 921. — Pompone de Bellièvre, d'après Ch. Le Brun; 923. — Fr. Lotin de Charny; 924. — Fr.-Théod. de Nesmond; 926. — Jean-Ant. de Mesmes; 928. — Guill. Lamoignon; 930, 931. — Denis Talon; 933. — Louis de Bailleul; 935. — Charles Benoise, d'après Ph. de Champagne; 947. — François Molé; 948. — Cl. Regnauldin; Pierre de Maridat de Serrières; 956. — Michel Larcher; 930. — François Blondeau; 968. — Jacques Amelot; 977. — Jean Dorieu; 978. — Alexandre de Sève; 987. — Pierre Séguier; 990. — Jean Fronteau, d'après F. Cahourel; 1026. — Pierre Lalemant; 1026. — Pierre Dupuy; 1043. — Pierre et Jacques Dupuy; 1044. — Marin Cureau de La Chambre; 1051. — Jean Chapelain; 1052. — Fr. de La Mothe Le Vayer; 1054. — George de Scudéry; 1057. — Gilles Boileau; 1059. — Le cardinal Antoine Barberin; 1192. — Ch.-Maurice Le Tellier; 1193. — Fr. Mallier du Houssaye, d'après Velut; 1195. — François Nesmond; 1211. — Goyon de Matignon, d'après le R. P. Antonin; 1212. — Denis de La Barde; 1212. — La duchesse de Nemours, d'après Beaubrun; 1226. — Louise-Marie, reine de Pologne, d'après Juste; 1236.

Portrait qu'on lui attribue : Personnage de la cour de Louis XIV; 320.

Voy. Edelinck (N.); Langlois (J.); Edelinck (G.); Regnesson (N.); Romanet; Fiquet.

Nathier (J.-M.), peintre.

Voy. Duponchelle; Gaillard (R.); Beauvarlet; Tardieu (J.); Balechou.

Naudet (Caroline).

Plan de Paris (dit *de tapisserie*); 696.

Naudin, peintre.

Voy. Poletnich.

Née (Denis), graveur, né à Paris vers 1732.

Monument funéraire de Henri IV, d'après Porbus; 164.

Vue du Palais de Justice, d'après Meunier; 762. — Vue des ruines de l'église des Bernardins; 827.

Negro Pontes (J.-Bapt.).

Son adresse : 1276.

Nelli (Nicolas), graveur.

François II; 28. — Charles IX, d'après Luc Penni; 33.

Nicolle (V.).

Vues de la salle du festin et du feu d'artifice préparés pour la naissance du dauphin; 1002.

Nicollet (B.-A.), sculpteur.

J.-B. Perronneau, d'après Cochin fils; 623.

Nicollet (B.-A.), peintre.

Voy. Le Beau.

Niel.

La reine Marguerite, d'après un dessin au crayon du seizième siècle; 98.

Niquet (Claude).

Séance tenue par Louis XVI au palais, d'après Meunier et Girardet; 762.

Nivellon, peintre.

Voy. Fiquet.

Noblin.

Les heureux succès des ordres du roi (Louis XIV); 483.

Nochez (J.-E.), graveur.

J.-J. Rousseau, d'après Ramsay; 536. — Claude Léger; 850.

Nocret (Jean), peintre.

Voy. Nanteuil (R.); Lasne (M.); Schuppen (P. Van); Poilly (Fr.); Silvestre (S.).

Nogaret (F.).

Voy. Fessard.

Nolin (J.), graveur.

Renouvellement d'alliance entre la France et les Suisses, d'après Ch. Le Brun; 474.

Nolpe (Pierre), graveur.

Mariage de Guillaume d'Orange, roi d'Angleterre avec Marie Stuart, d'après J. Wildens; 1234.

Nonnotte, peintre.

Voy. Launay (N. de); Tardieu (N.)

Notté, peintre.

Voy. Beljambe.

Odieuvre, éditeur.

39 — 110. — 201. — Léonora Galigaï; 206. — 308. — 313. — 327. — Noël de Bullion; 379. — 396. — 418. — 463 bis. — 467.—551.—559. — 562. 575. — 863. — 869. — Julien Hayneuve; 873. — 951. — 982. — 1102. — Henri Blacwood; 1206.

Paillière (J.), graveur.

Madame Crétu; 1107.

Paillier (Antoine), ou Paillet, peintre.

Voy. Picart (E.); Vallet (G.).

Parrocel (Etienne), peintre.

Voy. Will (J.-G.).

Passe (Crispian de).

Henri IV; 74. — Marie de Médicis; 99. — Louis XIII et le cardinal de Richelieu; 170. — Louis XIII, à cheval; 176. — Gaston, duc d'Orléans; 640. — Gaston de Grieu; 916.

Portrait qu'on lui attribue : Louis XIII, sur son trône; 171.

Passe (Crispian de).

Excudit : Catherine de Bourbon; 110.

Estampe qu'on lui attribue : Un concert; 1248.

Passe (Guillaume de).

Excudit : Louis XIII; 172.

Passe (Simon de), graveur.

Antoine de Pluvinel; 221.

Patas (J.-Bapt.), graveur, né à Paris en 1744.

L'innocence reconnue, d'après L. Binet; 625.

Patigny (J.), graveur.

Thomas Le Juge; 856.—Henri, comte de Pagan, d'après H. Gascard; 313.

Patte.

Portail de l'église de la Culture-Sainte-Catherine; 829.

Pauquet (H.) fils, graveur.

Piccini, d'après Bergeret; 624.

Pedretti, graveur.

Le cardinal Fleury, d'après H. Rigaud; 537.

Peeters (Jean), dessinateur.

Corbeil; 1133.

Penni (Luc.), peintre

Voy. Boivin (René); Nelli (Nic.).

Penouile, peintre.

Voy. Petit.

Perelles (les).

Vues de Paris; 711. — Vue de l'île de Notre-Dame; 718. — La tête de l'île du Palais; 718. — La place Royale; 723. — La place Dauphine; 726. — La place de Louis-le-Grand; 730. — La place des Victoires; 731. — Le pont Notre-Dame et le quai Pelletier; 739. — Le pont Marie; 739. — Perspective de la ville de Paris.—Le pont Royal; 740. — Le pont Saint-Michel; 741. — La place du Pont-Neuf; 747. — La pompe de la Samaritaine; 748.—Vues du Pont-Neuf; 750.— La porte Saint-Bernard; 752. — La porte Saint-Antoine; 753. — La porte Saint-Denis; 754. — La porte de la Conférence; 755.—La porte Saint-Honoré; et le dôme de l'Assomption; la porte Saint-Martin; 756. — Vue du Louvre et de la porte de Nesle, d'après J. Silvestre; 756. — Vue du Louvre; 763. — Vues des jardins du palais des Tuileries; 764. — Vues du palais et des jardins du Luxembourg; 767. — Le Palais-Royal, vue de la galerie et du jardin; 768. — La maison du marquis de Dangeau, de M. Fieubet; 775. — Hôtel de Jars; 777 — Vue de la chapelle et de la chambre des comptes; la Chartreuse de Paris; 829. — Église des Pères de l'Oratoire: 835. — Vues de la Sorbonne; 837. — Le Val-de-Grâce; 840.— Vue de l'Hôtel-de-Ville; 986. — Vue de la Salpétrière; 996. — Vues diverses de l'hôtel des Invalides; 997. — Vues de l'Observatoire; 1025.—Vue du Jardin des Plantes, du collége des Quatre-Nations; 1025.—Le rocher d'eau de Chantilly; 1129. — Le château de Chaville; 1130. — Vues du château de Chilly; — de Choisy; 11 0. — Conflans; 1132. — Vue du château de Maison; 1142.—Le château de Monceaux; 1145. — Vues du château de Noizi; — du château du Petit-Bourg; 1147. — Vue de la grotte de Ruel; — 1151. — Une maison à Saint-Ouen; 1134. — Vue de l'entrée du château de Saint-Maur; 1155,—Vues du château et des jardins de Sceaux; 1137. — du château de Villiers-Cotrez; 1157. — Vues du château de Vaux-le-Vicomte; 1157. — Vues du château de Vincennes; 1158. — Vue du château de Madrid; 1160.— Saint-Cloud; 1163.— Vues des bassins du château de Meudon; 1166.— Vues du château et des jardins de Versailles; 1169. — Clagni; 1172. — Vues du château et de la machine de Marly; 1175. — Vues du château de Saint-Germain; 1179. — Fontainebleau; 1183.

Perrier (François), graveur, né à Mâcon en 1590, mort à Paris en 1650.

Simon Vouet; 236.

Perrissin (Jacques) et Tortorel.

La mort de Henri II; 22. — Supplice d'Anne du Bourg; 32. — Exécution de Jean Poltrot; 40.

Perrot, lithographe.

Jean-Denis Cochin; 851.

Pesié (P.), peintre.

Voy. Thomassin.

Pesne (Antoioe), peintre.

Voy. Schmidt (G.-F.); Jeaurat (E.); Daullé (J.); Petit (G.-E.).

Pesne (Jean), peintre et graveur, né à Rouen en 1623, mort à Paris en 1700.

Nicolas Poussin; 453. — Fr. Langlois; 1084.

Voy. Trouvain (A.).

Petit (Gille-Edme), graveur, né à Paris en 1696, mort en 1760.

François de La Rochefoucauld, d'après Ferdinand; 307. — Bayle; 424. — Louis XV (dauphin), d'après Penouille; 499. — Louis XV, d'après Van Loo; 503, 508. — Marie Leczinska; 512. — Le duc de Gesvres, d'après L.-M. Van Loo, le fils; 526. — Phelypeaux, comte de Maurepas, d'après Van Loo, le fils; 534. — Voyer d'Argenson, d'après H. Rigaud; 539.—François Chereau, d'après Dufreneau; 573. — J.-B.-Jos. Languet de Gergy, d'après Chevalier; 860. — Henri Bachelier, d'après de Troy; 983. — Titon du Tillet, d'après Largillière; 1074. — Jean-Baptiste Coignard, d'après A. Pesne; 1087. — Faustulus, d'après P. de Crotone; 1282.

Excudit : Bern. Bertrand, d'après La Nouelle; 547. — Collette de Chamseru, d'après Bres; 580.

Petit (L.), graveur.

Jolyot de Crébillon, d'après Peyron; 1074.

Peyron, dessinateur.

Voy. Petit (L.).

Pezey (A.), peintre.

Voy. Drevet (P.); Duflos (Cl.).

Piauger, dessinateur.

Voy. Audran (B.).

Picart (Étienne), dit le Romain, graveur.

né à Paris en 1631, mort à Amsterdam en 1721.

La marquise de Montespan; 296.— Catherine de Boiseon; 326. — François de Braque, d'après A. Paillet; 377. — André Hameau, d'après A. Paillet; 858.

PICART (Bernard), graveur, né à Paris en 1663, mort à Amsterdam en 1733.

L'abbé de Villiers; 651.—Roger de Piles; 1131.

PICART (B.).

Oublieur de Paris; 1016.

PICART (Jacques), graveur.

Entrée de Henri IV à Paris; 156.

PICART (Jean).

Le maréchal de Schomberg; 300. — Guybert; 408. — Le duc d'Orléans et la duchesse de Montpensier; 640. — Adam Blackwood; 1206.

PICART (N.), graveur.

Statue équestre de Louis XIII; 179.

PICART, peintre.

Voy. Surugues (L.).

PICAULT (P.), graveur, né à Blois en 1680, mort à Paris en 1711.

Les batailles d'Alexandre, d'après C. Le Brun; 1284.

PICQUET.

Nicolas Richelet; 957.

PIGALLE (J.-B.), sculpteur.

Voy. Dupuis (N.).

PINSIO ou Pinssio, graveur.

Le P. de La Chaise; 396. — J.-P. Guignon, d'après Van Loo; 584.—François Rivard, d'après Valade; 1042. — Phil. Goibaud, d'après Varré; 1067.

PITAU (Nicolas), graveur, né à Paris en 1633, mort en 1676.

Christine, duchesse de Savoie; 104. — Benj. Prioli, d'après C. Le Fèvre; 226. — Marie-Thérèse d'Autriche, d'après Baubrun; 263. — Marie-Adélaïde de Savoie; 286.—Le comte de Toulouse, d'après Gobert; 297. — Marguerite de Joncoux; 334. — Louis-Antoine de Noailles, archevêque de Paris; 810. — Marie de Combé; 888. — Voisin, prévôt des marchands, d'après P. Mignard; 988. — Bossuet, d'après H. Rigaud; 1062.

Laurent-Jean Babille; 964.

PLÉ (P.), graveur.

Claude-Denis Cochin; 993.

POILLY (François), graveur, né à Abbeville en 1622, mort à Paris en 1693.

Louis XIV (thèse de l'abbé Letellier), d'après Ch. Le Brun; 268. — Le duc d'Anjou, d'après Nocret; 288.

POILLY (Nicol. de), graveur, né à Abbeville en 1626, mort à Paris en 1696.

Louis XIV jeune; 257. — Louis XIV, d'après Mignard; 263. — Louis, prince de Condé.; 643.— Nic. Parfaict, d'après C. Le Fébure; 845. — Jacq. Tubeuf, d'après Mignard; 952. — Jacq. Amelot, d'après Cl. Le Feure; 976.— Fr. Langlois, d'après Van Dyck; 1084.

Excudit : Louis XIV; 262.

Vue de l'île de Notre-Dame; 718. — du Mail; 718. — La place Dauphine; 726. — Élévation du portail de Saint-Eustache, d'après J. Mansart de Jouy; 830. — Thèse théologique, d'après N. Mignard; 903. — Vues du château et des jardins de Versailles; 1169. — Exercice de l'Académie royale de Juilly, d'après P. Mignard; 1208.

Son adresse : La porte Saint-Antoine; 753. — La porte Saint-Denis; 754. — La porte de la Conférence; 755. — La porte Saint-Martin; 756. — Vues du château de Chantilly; 1129.

POILLY, graveur.

Anne de Rohan, d'après J. Cottelle; 328. — Louis XV tenant son lit de justice, d'après Delamonce; 500.

POILLY, frères.

Leur adresse : Louis XV; 501.

POINSART (J.).

Excudit : 725.

POLETNICH, graveur.

Palissot, d'après de Saint-Aubin; 653. — Rabiqueau, d'après Naudin; 1007.

POMPADOUR, graveur.

Jacquot, tambour-major, d'après Guay; 528.

PONTIUS (Paul), graveur, né à Anvers en 1596.

Gaspard Gevaerts, d'après P. Rubens; 1221. — Le cabinet des plus beaux portraits, d'après A. Van Dyck; 1242.

Rubens; 235.

PORBUS (P.), peintre.

Voy. Tardieu (Alex.); Chenu; Née.

POULLEAU (C.-R.-G.), graveur, né à Paris en 1749.

L'Hôtel des Monnaies, d'après Antoine; 769.— Parallèle de Saint-Pierre de Rome et de Notre-Dame de Paris, d'après Dumon; 826. — Vue de l'église de Sainte-Geneviève; 831.

PREISLER (G.-M.), graveur, né à Nuremberg en 1700, mort en 1746.

Jean Sigismond Holtzschuer, d'après J.-J. Preisler et J.-L. Hirschmann; 1243.

PREISLER (J.-J.), dessinateur.

Voy. Preisler (G.-M.).

PREVOST (B.-Louis), graveur, né à Paris vers 1747.

Séb. Leclerc, d'après Jombert fils; 463 bis. — Montesquieu; 1073.

PRENEAU (Noël), graveur, né à Paris en 1751.

J.-Jos. Sue, d'après A. Pujos; 610.

PUJOS (A.), peintre.

Voy. Lingée (madame); Legrand; Bruneau (N.); Huot (F.); Vinsac; Henriquez (B.-L.); Laurent; Le Beau; Vangelisty; Vidal.

QUENEDEY, dessinateur.

Voy. Chrétien.

QUESNEL (Aug.), peintre.

Voy. Goyrand (Cl.).

QUESNEL (François), peintre.

Voy. Leu (Thom. de); Lasne (Michel); Briot (J.).

QUEVERDO (Isidore), dessinateur.

Voy. Longueil (de); Dembrun.

QUOY (N. de), peintre.

Voy. Habert (N.).

RABEL (Jean), peintre et graveur, né à Beauvais vers la fin du XVIe siècle.

Flaminien de Birague; 54.

Voy. Mallery (C. de).

Excudit : 677.

RADIGUES (Ant.), graveur, né à Reims en 1719.

Robert Sorbon; 892.

RAGOT (François), graveur sur cuivre, né à Bagnolet en 1641.

Charles de l'Aubespine, d'après Dumonstier; 358.

RAM (J. de).

Excudit : 274.

RAMBERG (H.), dessinateur.

Dom.-Viv. Denon; 621.

RAMSAY (A.), peintre.

Voy. Nochez (J.-E.).

RANCÉ (J.), peintre.
Voy. Chereau (F.).

RANCK, peintre.
Voy. Edelinck (N.).

RANSONNETTE.
Entrée de Henri IV à Paris ; 156.

RAPHAEL.
Voy. Chapron.

RAVENET, graveur.
Ch.-G.-G. de Vintimille, archevêque de Paris, d'après Boisseau ; 820. — Jean Pitard, d'après Humblot ; 1028.
Élévation du portail de Saint-Sulpice, d'après Servandoni ; 838. — Les Cris de Paris ; 1018.

REGNEISSON (N.) ou Regnesson, né à Reims vers 1625, mort à Paris en 1676.
Étrennes à monseigneur le Dauphin ; 276. — Marc de Wulson, d'après Chauveau et Nanteuil ; 423. — Marie, duchesse de Montpensier ; 650. — Anne de Bourbon Condé, duchesse de Longueville, d'après F. Chauveau ; 665. — Jean Lesaige : 894.
Excudit : La Farce du Cornard ; 1093.

RESTOUT, peintre.
Voy. Beaumont, Benoist, Levasseur.

REVEL (Gabriel), peintre.
Voy. Drevet (P.), Lefebure, Cars (L.).

RICCIARELLI (Daniel), dit de Volterre.
Voy. Aelst (Nic. Van).

RICHARD, peintre.
Voy. Boily (C.).

RIGAUD (Hyacinthe), peintre.
Jean de La Fontaine ; 1066.
Voy. Drevet (P.) ; Edelinck (G.) ; Dupuis (N.) ; Derinet ; Fiquet ; Cars (L.) ; Lépicié (B.) ; Duchange ; Schmidt (G.-F.) ; Chereau (F.) ; Pedretti ; Petit ; Daullé (J.) ; Will (J.-G.) ; Vangelisty (V.) ; Mathey (C.) ; Guibert ; Drevet (C.) ; Audran (J.) ; Horthemels (M.-H.) ; Loir (A.) ; Gaillard (R.) ; Tardieu (N.) ; Simonneau (L.) ; Pitau (N.) ; Marlié (R.-E.) ; Duflos (P.) ; Vermeulen.

RIGAUD (J.), graveur.
Réception des chevaliers de l'ordre du Saint-Esprit ; 588. — Vue du château de Trianon, 1164.

RIGAUD.
Vues de Paris ; 716.

RIGAUD (J.-B.), dessinateur.
Voy. Lépicié (B.).

RIMSBER, dessinateur.
Voy. Klaber.

RIOLET (Claude-Ch.).
Église de Saint-Roch ; 837.

ROBERT (J.), peintre.
Voy. Dupuis (Ch.) ; Gaillard (R.) ; Vangelisty (V.).

ROBIN, peintre.
Voy. Le Mire (N.).

ROGER, graveur à Bourges au XVIe siècle.
Jacques Cujas ; 53.

ROGERS (Will.), graveur, né à Londres vers 1540, mort vers 1600.
Henri IV en pied ; 87.

ROMANET (Ant.), graveur, né à Paris en 1748.
Julie de Villeneuve, d'après Berthelmy ; 332. — Rob. Nanteuil, d'après lui-même ; 462. — Bernard de Clugny, d'après Le Tellier ; 603. — Louis-François, prince de Conti, d'après Le Tellier ; 642. — Christ. de Beaumont, d'après A. Duhamel ; 821.

ROSLIN, suédois, peintre.
Voy. Carmona (M.-S.).

ROTROU (mademoiselle), peintre.
Edme-Séb. Jeaurat ; 1080.

ROULLET (Jean-Louis), graveur, né à Arles en Provence en 1645, mort à Paris en 1699.
Jean Delpech ; 322. — Henri de Beringhen, d'après Mignard ; 393. — François Michel ; 415. — François de Poilly, d'après lui-même ; 445. — Sully, d'après Paul Mignard ; 460. — Le marquis de Beringhen, d'après Pierre Mignard ; 528. — Catherine Touchellée, d'après J. Cotelle ; 965. — Camille Le Tellier de Louvois, d'après Dargillière, 1062.

ROUSSEAUX (J.-F.), graveur, né à Paris vers 1750.
J.-F.-J. Saly, d'après Cochin fils ; 581. — N.-Bern. Lépicié, d'après le même ; 615.

ROUSSEL, peintre.
Voy. Sornique.

ROUSSELET (Gilles), dessinateur et graveur, né à Paris en 1614, mort dans la même ville en 1686.
Le cardinal de Richelieu ; 211. — Pierre Richer, d'après Le Brun ; 220. — Les accessoires du portrait de Colbert, d'après Ch. Le Brun ; 354. — Hédelin d'Aubignac ; 432. — Le cardinal de Retz, d'après S. Bourdon ; 816. — Thèses de philosophie, d'après Ch. Le Brun ; 1045, 1046, 1047. — Séb. Cramoisy ; 1086.
La Farce à quatre personnages, d'après G. Huret ; 1096. — Gros Guillaume, d'après G. Huret ; 1099.

ROUSSIERRE (de La), graveur.
Gaspard de Saulx Tavannes ; 39. — Michel de Castelnau ; 58.

ROY, graveur.
Arrachart, oculiste ; 610. — Pierre Brugière ; 858.

RUBENS (Pierre-Paul), peintre, né à Cologne en 1577, mort à Anvers en 1640.
Voy. Louys (J.) ; Silvestre (S.) ; Pontius (P.) ; Fahert (J.) ; Jode (P.).

RUCHOLLE (P.), graveur.
Louis XIV jeune ; 246.

RUOTTE (L.-C.), graveur.
Le cardinal de Belloy, d'après Deseine ; 821.

SADELER (Gilles), dessinateur et graveur, né à Anvers en 1570, mort à Prague en 1629.
Guillaume Ancel ; 122. — Martin de Vos ; d'après J. Heinz ; 1220. — Buste de l'empereur Mathias ; 1240. — La salle de Prague ; 1252.
Excudit : Marie de Médicis ; 96.

SAENREDAM (Jean), dessinateur et graveur, né à Assendelft en 1565, mort à Leyde en 1607.
Prospérité des sept provinces unies ; 1253. — Le grand Cachelot ; 1254.

SAINT-AUBIN (Augustin de), dessinateur et graveur, né à Paris en 1736, mort en 1807.
Sully, d'après C.-N. Cochin ; 469. — Guill. Le Blond, d'après C.-N. Cochin ; 546. — Fr. Morand, d'après C.-N. Cochin ; 548. — Joseph de l'Épine ; 549. — Piron, d'après Cochin ; 555. — Crébillon fils, d'après Gastinel (J.-C.) ; 556. — J.-J. Rousseau, d'après Delatour ; 556. — Laurent Cars, d'après Cochin fils ; 578. — P.-J. Mariette, d'après Cochin fils ; 579. — G. Coustou, d'après Cochin fils ; 580. — Rameau, d'après Caffieri ; 584. — Gauzargues, d'après Cochin fils ; 584. — Cassanea de Mondonville, d'après le même ; 584. — J. Monnet, d'après le même ; 584. — Louis XIV, d'après Cochin ; 596. — René de Voyer, marquis de Paulmy, d'après Le Carpentier ; 603. — Jér.-Fréd. Bignon ; 604. — Marc-René de Montalembert, d'après Delatour ; 604. — Malouët, d'après Cochin ; 608. — De

Lassone, d'après Cochin; 608. — J.-B. Le Blanc, d'après le même; 611. — Jos. Pellerin; 611. — D'Alembert; 611. — Diderot, d'après Greuze; 611. — P.-H. de Valenciennes, d'après J.-M. Moreau; 614. — Ch.-Nic. Cochin le fils, d'après lui-même; 617. — Jos.-Ch. Rœttiers, d'après Cochin; 619. — J.-Rob. Perronnet, d'après le même; 620. — J.-B. Pigalle, d'après le même; 622. — J.-J. Caffiery, d'après le même; 623. — Jacq. Dumont, d'après le même; 623. — Pierre Jeliote, d'après le même; 624. — J.-B.-Jos. Languet de Gergy, d'après J.-J. Caffiery; 860. — L'abbé Pommyer, d'après Cochin fils; 955. — Fontenelle; 1067. — Fénelon, d'après C. Monnet; 1068. — Montesquieu; 1073. — De Belloy, d'après Sompsois; 1075. — Marmontel, d'après Cochin; 1077. — Ant. de Parcieux, d'après Cochin; 1880. — Jér. de Lalande, d'après J. Ely; 1080. — Louis-Fr. Prault, d'après Cochin; Ch.-Antoine Jombert, d'après le même; 1088. — Le Kain, d'après Lenoir; 1104.

Voy. Huot (F.).

Saint-Aubin (G. de), dessinateur.

Madame de Maintenon; 292.

Voy. Chenu; Poletnich.

Saint-Aubin (Pougin de), peintre.

Voy. Gaucher (C.); Ingouf jeune; Maleuvre; Michel (J.-B.).

Saint-Jean (de), peintre.

Voy. Drevet (P.).

Santerre (J.-B.), peintre.

Voy. Edelinck (N.); Thomassin (S.).

Sarrabat (Jean), graveur, né aux Andelys.

Louis, Dauphin; 280.

Sarto (André del).

Voy. Callot (J.).

Sbranssen.

Voy. Van Breen (Claus).

Scevole.

Charles-Pierre Le Noir; 991.

Scheffer (Ary), peintre.

Voy. Thévenin (J.-C.); Girard (F.).

Schenck (Pierre), graveur, né en 1645, mort en 1711.

Marie-Thérèse d'Autriche; 274.

Schmidt (George-Frédéric), graveur, né à Berlin en 1712, mort en 1775.

L'abbé Prévost; 398. — Ant. Pesne, d'après lui-même; 455. — Jos. Parrocel, d'après H. Rigaud; 456. — Louis de la Tour d'Auvergne, d'après H. Rigaud; 527. — Jean Law, d'après H. Rigaud; 442. — J.-B. Rousseau, d'après J. Aved; 553. — L'abbé Guyot Desfontaines, d'après Toqué; 554. — G.-V. Thévenard, d'après Gueslin; 384. — Hercule-Mériadec d'Avolle de Prédavid; 861.

Schuppen (P. Van), graveur, né à Anvers en 1623, mort à Paris en 1702.

Anne de Courtenay; 56. — P. de Bonzy, cardinal, d'après Bachichi; 228. — Pierre Pithou; 137. — Honoré d'Urfé; 230. — Louis XIV jeune, d'après Mignard; 256 bis. — Louis XIV, d'après C. Le Brun; 261. — Louis XIV, d'après C. Le Fèvre; 262. — Louis, Dauphin, d'après Fr. de Troy; 278. — Le duc d'Anjou, d'après Nocret; 288. — Pierre Séguier; 361. — Claude-Bazin de Bezons; d'après C. Le Febvre; 382. — Jean Verjus, d'après Loire; 396. — Eustache Lesueur, d'après lui-même; 452. — N.-Jos. Foucault, d'après Largillière; 530. — P. de Marca, archevêque de Paris, d'après Van Loo; 809. — Fr. Harlay de Chanvalon; 817. — Louis Thomassin, d'après Jacq. Van Schuppen; 878. — Noël Alexandre, d'après Jacq. Van Schuppen; 901. — Jérôme Bignon; 941. — Nic. Le Camus; 969. — Henri Godot; 973.

Scotin (J.-B.), graveur.

Fauchard, dentiste, d'après J. Le Bel; 550. — J.-B.-Élie Avrillon; 876.

Sellier, graveur.

Plan de la salle d'opéra de Versailles, d'après Dumont; 1171.

Servandoni, architecte.

Voy. Ravenet.

Sève (J. de).

Voy. Cochin fils; Edelinck; Thomassin (S.)

Sevin (P.), dessinateur.

Voy. Bouchet Le Moine (El.).

Sibenicco (Natal-Bonifatio da), graveur.

L'assedio di Parigi; 697.

Sichem (Christophe Van), graveur, né en 1580.

Pierre Ramus; 1032.

Sicre (P.), peintre.

Voy. Cossin (L.).

Silvestre (Israël), graveur.

Vues de Paris; 445, 698, 703. — Profil de la ville de Paris; Perspective de la ville de Paris; 711. — Vues de Paris et des environs; 711. — Vue de l'île de Notre-Dame; 718. — Les faubourgs de Paris; 717. — La place Royale; 723. — Vue de la place de Grève et de l'église de Notre-Dame; 729. Du pont Saint-Landry. — De l'Archevêché de Paris et du pont de la Tournelle; 739. — La galerie du Louvre et le pont des Tuileries; 740. — Le quai des Augustins et le pont Saint-Michel; 741. — La statue de Henri IV sur le Pont-Neuf; 747. — Vues de Paris sous les ponts; 748. — Vue du Pont-Neuf et de l'île du Palais; 749. — Du Pont-Neuf; 750. — Les fontaines de Paris; 751. — La porte Saint-Bernard; 752. — La porte Saint-Denis; 744. — De la Conférence; 755. — Saint-Honoré; 756. — La Bastille; 758. — Vue du Grand Châtelet; 760. — Vue de l'Arsenal; 761. — Vues du Louvre, prises de différents côtés; 763. — Vues du palais et des jardins des Tuileries; 764, 766. — Vues du palais et des jardins du Luxembourg; 767. — Vue de la galerie du Palais-Royal; — du fort royal fait en 1650 dans le jardin du Palais-Cardinal; 768. — Vue de l'hôtel d'Aumont; 772. — La maison du président de Bretonvilliers; 763. — Vues de l'hôtel de Liancourt; 777. — Hôtel de Nevers; 778. — Vues de l'hôtel de Saint-Paul, de la maison du premier président; 772. — Vues de l'hôtel de Soissons; — de l'hôtel de Sully; — de l'hôtel de Vendôme; 780. — Vue des Porcherons; 798. — Églises des Filles de l'Annonciate; — des Petits-Augustins, — des Bernardins; — des Carmes-Déchaussés; — des Carmélites; 227. — Vue de la chapelle et de la chambre des comptes; — de l'église Saint-Denis-de-la-Chastre; 829. — Église et couvent de Sainte-Élisabeth; — Église des Feuillants; 840. — Maison abbat. de Saint-Germain-des-Prés; 832 bis. — Saint-Gervais; 833. — Vue de l'église et du cimetière des-Saints-Innocents; 834. — Le Noviciat des Jésuites; 834 bis. — Église de la Visitation; — de Saint-Martin-des-Champs; — des Religieuses-de-la-Mercy; 836. — Églises des Quinze-Vingts; — de Saint-Sauveur, — Vues de la Sorbonne; 837. — Saint-Sulpice; 842. — Église et maison du Temple; — Église de Saint-Victor; 840. — Vues de l'Hôtel-de-Ville; 986. — Vues de l'Hôtel-Dieu; 996. — Vue du jardin des Simples; 1025 — Environs de Paris; 1122. — Vue de Bercy; 1126. — Vue du château de Chaillot; 1128. — Vue du canal de Chantilly; 1129. — Vue du château de Chilly, 1130. — Vue du château de Coulommiers; 1134. — Vue du château de Frémont; 1136. — Grosbois; 1128. — Vues du château de Rincy; 1149. — Du château de Ruel; 1151. — Vue de l'église de Saint-Denis; — des Martyrs de Montmartre; 1153. — Château de Saint-Maur; 1155. — Vues du château de Vincennes; 1158. — Le château de Madrid; 1160. — Vues du château et des jardins de Saint-Cloud; 1163. — Vues du château et de la grotte de Meudon; 1466. — Plan et vues du château de Versailles; 1167. — Vue du château de Saint-Germain; 1178, 1179. — Vues de Fontainebleau; 1182.

Voy. Perelle.

Silvestre (Suzanne).

Charles de Mallery, d'après Van Dyck; 239. —

Jean Nocret, d'après lui-même; 438. — Jean Berain, d'après J. Vivien; 443.—L'archiduc Albert, d'après P. Rubens; 1215.

SIMON (Pierre), graveur, né à Paris vers 1640.

Grétry, d'après Isabey; 624. — Le F. Fiacre de sainte Marguerite; 864.

SIMONNEAU (Charles), graveur, né à Paris vers 1639, mort en 1728.

Henriette-Marie de France, d'après Vander Werff; 107.— Le duc de Bretagne, enfant; 286.— Bourdaloue, d'après Jouvenet; 421. — Le duc de Buckingham, d'après Vander Werff; 1232 bis.

SIMONNEAU (Louis), graveur, né à Orléans en 1656, mort à Paris en 1728.

Antoine Arnauld; 899.— Charles Coffin, d'après H. Rigaud; 1027. — Martin de Charmois, d'après Bourdon; 1080.

SINDENIERS, graveur.

Buffon, d'après Drouais; 1077.

SIXE (L.), peintre.

Nic. Isoard; 846.

SLODTZ (Michel-Ange), ou Scholdtz, dessinateur.

Voy. Marvie; Cochin (C.-N.) fils; Flipart (J.-J.); Audran (B.).

SOMPELI (P. Van), graveur, né à Anvers vers 1600.

Marie de Médicis, d'après Ant. Van Dyck; 100.

SOMPSOIS (de), dessinateur.

Voy. Saint-Aubin (A. de).

SORNIQUE (D.), graveur, né en 1722, mort en 1756.

J.-B. Santeuil, d'après Du Mée; 426. — Lully; 469. — Claude Fleury, d'après Roussel; 1071.

SOUTMAN (P.).

Excudit : 100. — 106. — 177. — 493.

SPIRINX, graveur.

Anne Baudesson; 326.

SPOEDE (J.-J.), dessinateur.

Voy. Guelard (J.).

STEIN (Gottfr.).

Les Faubourgs de Paris; 719.

STOCADE, peintre.

Voy. Hollar (W.)

SURRUGUE (Louis), père, graveur, né en 1695, mort en 1769.

Louis de Boullongne, le père, d'après Mathieu; 437. — Jean Gerson, d'après Picart; 1026.

SURRUGUE (Pierre-Louis), le fils, graveur, né à Paris en 1717, mort en 1771.

Simon Guillain, d'après N.-A. Coypel; 459.

SUVÉ, dessinateur.

Voy. Lempereur.

SUYDERHOEF (Jonas), graveur, né à Leyde vers 1600.

Henriette-Marie de France; — Charles Ier, roi d'Angleterre, d'après Van Dyck; 106. — Gilles de Giarges, d'après Miereveld; 1219.

SWANENBURG,

Voy. Callot (J.).

TANGÉ (Pierre), graveur, né à Amsterdam en 1700, mort en 1760.

Christine de Suède, d'après Bourdon; 1235.

TARAVAL (G.).

Plan, coupes, etc., de l'église de Saint-Philippe-du-Roule, d'après Chalgrin; 838.

TARDIEU (Jacques-Nicolas), graveur, né en 1718.

Robert le Lorrain, d'après Nonnotte; 581. — Marie-Anne de Harlay; 888. — Nic. Le Camus, d'après H. Rigaud; 969.

Bon de Boullongne, d'après G. Allou; — Le même, d'après lui-même; 441.

Marie-Henriette de France, d'après Nattier; 513. — Sophie Willemine de La Font, d'après N.-B. de La Pierre; 517 bis. — J.-B. Oudry, d'après N. de Largillière; 572. — Ch.-Franç. de Lorme, d'après Duplessis; 866.

P.-Étienne Gourlin, d'après S. Beauvais; 862.

Bern. de Monfaucon; 552.—Lenglet Dufresnoy, d'après N. Delobel; 554. — A.-S. Belle, d'après lui-même; 559.—Nic.-Henri Tardieu, d'après Van Loo; 576. — J.-Fr. Lalouette, d'après Ferdinand; 583. — L'abbé de Rothelin, d'après C. Coypel; 1073.

TARDIEU (Pierre-Alexandre), graveur, né à Paris en 1756.

Henri IV, d'après P. Porbus; 86. — Voltaire, d'après J.-M. Moreau et Houdon; 1076.

TARDIEU (la veuve), graveur.

Humbert Gerbier, d'après Holm; 549.

TARDIEU.

Fête publique à l'occasion du mariage du Dauphin, d'après Fr. Blondel; 999.

TASSAERT, graveur.

Marmontel, d'après Boilly; 1077.

TAVENARD (P.-G.), graveur.

N. Charles, professeur de physique; 1042.

TAVERNIER (Melchior), éditeur et graveur.

Plan de Paris; 698.

Excudit : 185. — 786. — 787. — 795. — 1012.

TESTA LUCCHESINI (Pierre), graveur, né à Lucques en 1611, mort en 1648.

Estampe allégorique à la gloire du pape Innocent X; 1278.

THÉVENIN (J.-C.), graveur.

Rossini, d'après Ary Scheffer; 1248.

THOMAS (N.), graveur.

Le comte de Saint-Germain; 607.

THOMASSIN (Simon), graveur, né à Troyes en Champagne vers 1536.

Statue équestre de Louis XIV, sculptée par A. Coysevox; 270. — Louis, duc de Bourgogne; 283. — Pierre Dionis, d'après Boulogne; 414. — P. Richelet, d'après Vivien; 420. — Michel-Richard Delalande, d'après Santerre; 470. — Le Dauphin, fils de Louis XIV, d'après Troy (J. de); 515. — Hon. Dandré-Bardon, d'après J.-R. Van Loo; 574. — Jean Lizot, d'après P. Posié; 860. — Séb. Truchet, d'après Elis. Cheron Le Hay; 866. — Ant. de Mesmes, d'après de Troy; Melchior Cochet de Saint-Valier; 937. — Ant. Furetière, d'après de Sève; 1060.

TILLARD, graveur.

L'abbé Chappe, d'après Fredou; 1080.

TOQUÉ (L.), peintre.

Voy. Schmidt (G.-F.); Müller (J.-G.); Cathelin (L.-J.).

TORTEBAT (Jean), peintre.

Voy. Édelinck (G.); Édelinck (N.); Audran (J.); Trouvain (A.).

TORTOREL.

Voy. Perrissin (Jacq.).

TOURNIÈRE (R.), peintre.

Voy. Du Vivier (J.).

Voy. Vangelisty (V.).

TREMBLIN, le jeune, peintre.

Feu d'artifice devant l'Hôtel-de-Ville; 591.

TRINCAVEL (Genebrard).

Voy. Isac (Jaspar).

Trouvain (Antoine), graveur, né à Montdidier vers 1666.

Louis, Dauphin ; 279. — Les appartements ; 298. — Calliope de La Tremoille, d'après de Troy ; 427. — Denise Camusat ; 334. — Jean Jouvenet, d'après lui-même ; 440. — Jean Pesne, d'après lui-même ; 455. — René-Ant. Houasse, d'après Tortebat ; 1081.

Troy (François de), peintre.

Maximilien Titon ; 954.

Voy. Schuppen (Van) ; Édelinck (G.) ; Drevet (P.) ; Bernard (L.) ; Trouvain (A.), Thomassin (S.-H.) ; Fiquet ; Vallée (S.) ; Dossier (M.) ; Petit ; Balechou ; Daullé.

Vaenius (Gisbert).

Henri IV à cheval, d'après Ant. Caron ; 45.

Vaenius (Otho), peintre.

Voy. Wierx (Jér.).

Valade, peintre.

Voy. Pinssio.

Valdor (Jean), graveur.

Saint Ignace de Loyola ; 871.

Excudit : 335.

Vallée (Alexandre), graveur.

Ambroise Paré ; 57. — Jacques Guillemeau ; 134.

Vallée (Simon), graveur.

J. de Troy, d'après Fr. de Troy ; 564.

Vallet (Guillaume), graveur.

Antoine Ferrand ; 371. — Pierre Corneille, d'après A. Paillet ; 1058.

Son adresse : Pierre Gassendi ; 1034.

Vallet (Pierre), dessinateur et graveur.

Son portrait ; 238.

Van Breen (Claus).

Un concert, d'après Shransson ; 1240.

Van Dyck (Antoine), peintre.

Voy. Sompeli (P. Van) ; Jode (P. de) (*excudit*). Suïderhœf (J.) ; Van Vorst (R.) ; Vorstermann (L.) ; Silvestre (Suzanne) ; Lasne (M.) ; Langlois (P.-G.) ; Poilly (N.) ; Jode (P. de) ; Morin (J.) ; Pontius (P.).

Van Eyck (J.)

Voy. Larmessin.

Vangelisty (Vincent), graveur, né à Florence vers 1744

Le maréchal de Villars, d'après Largillière ; 519. — Le maréchal de Belle-Isle ; 512. — Paulmy d'Argenson ; 530. — Le chancellier d'Aguesseau, d'après Tournières ; 541. — Ant. Desallier Dargenville, d'après H. Rigaud ; 573. — Turgot, d'après Van Loo (M.) ; 603. — J. Roger Schabol, d'après J. Robert ; 861. — Buffon, d'après A. Pujos ; 1077. — J. Delille, d'après Pujos ; 1078.

Van Hulle (Anselme), peintre.

Voy. Jode (P. de).

Van Loo (Carle).

Son portrait ; 568.

Voy. Wisscher (L.) ; Petit (G.-L.) ; Larmessin (N. de) ; Moyreau (J.) ; Cars (L.) ; Tardieu, fils ; Pinsio ; Daullé.

Van Loo (J.-B.).

Voy. Thomassin (S.).

Van Loo (Michel).

Voy. Vangelisty (V.) ; Huber (J.-J.-J.).

Van Loo (L.-M)., le fils, peintre.

Voy. Petit ; Henriquez (L.-M.) ; Cathelin (L.-J.) ; Miger (S.-C.).

Van Loo.

Voy. Schuppen (P. Van).

Van Loon (H.), graveur.

Plan de Paris, d'après N. de Fer ; 706. — Plan du château et de la ville de Saint-Germain ; 1180.

Van Vorst (Robert), graveur, né vers 1596.

Simon Vouet, d'après Van Dyck ; 236.

Varré, peintre.

Voy. Pinssio.

Velut, peintre.

Voy. Nanteuil (R.).

Venetiano, graveur.

François Ier ; 7.

Vermeulen (Corn.), graveur, né à Anvers en 1644, mort en 1702.

Louis-Franç. Le Tellier, d'après Mignard ; 389. — Hub. Jaillot, d'après Culin ; 304. — Jacq. Sirmond ; 422. — Pierre Mignard, d'après lui-même ; 435. — J.-H. d'Anblebert, d'après P. Mignard ; 470. — Séb. Mabre Cramoisy ; F. Léonard, d'après H. Rigaud ; 1086. — Anne de Boulen, d'après Van der Werff ; 1232 bis.

Vertue (Geo.), graveur.

Pierre Varignon ; 1041. — Jean Racine ; 1063.

Vestié, peintre.

Voy. Le Villain.

Vestier, peintre et graveur.

Massers de Latude ; 612.

Vidal, graveur.

H.-Adel. Beaumenil, d'après Pujos ; 1102.

Vigée (L.), peintre.

Voy. Daullé (J.) ; Chevillet ; Miger (S.-C.).

Vigée Lebrun (Madame Élisabeth), peintre.

Son portrait ; 618.

Vignon, peintre.

Marie Stuart ; 31.

Vignon (Philippe), peintre.

Voy. Desrochers (E.).

Vignon.

Excudit : 1189.

Viguier (Constant).

Vue du cloître de Saint-Jean-de Latran ; 834 bis.

Vincent (A.-P.), dessinateur.

Voy. Bourgeois de La Richardière.

Vinsac, graveur.

Le Tourneur, d'après A. Pujos ; 612.

Violette, peintre.

Voy. Bosse.

Vispré, peintre.

Voy. Cathelin (L.-J.) ; Fiquet (E.).

Visscher (Jean-Nicolas), graveur.

Assassinat de Henri IV, par Ravaillac ; 162.

Voy. Bouttats (Ph.).

Visscher (L.), graveur.

Anne d'Autriche, d'après Van Loo ; 108. — Marie-Thérèse d'Autriche, d'après Van Loo ; 273.

Vivien (Joseph), peintre.

Voy. Thomassin (S.) ; Silvestre (S.) ; Duflos (Cl.) ; Audran (B.) ; Daullé (J.) ; Édelinck (G.) ; Édelinck (N.) ; Gaucher (C.-S.).

Voet (Ferdinand), peintre.

Voy. Lubin (J.) ; Hainselman (J.).

Voiriot, peintre.

Voy. Benoist (G.) ; Launay (N. de) ; Daullé (J.) ; Miger.

Volterre (Daniel de).

Voy. Ricciarelli (Dan.).

Vorstermann (L.), graveur.

Charles, comte d'Auvergne ; 36. — Charles de Mallery, d'après Van Dyck ; 239. — Jacques Callot, d'après Van Dyck ; 210.

RELEVÉ DES PRIX DE VENTE

DES ESTAMPES

DU CABINET DE M. L. R. DE L...,

NOVEMBRE 1855.

Numéros.	fr.	c.	Numéros.	fr.	c.	Numéros.	fr.	c.	Numéros.	fr.	c.
1	6		43	41		86	2	25	129	24	50
2	15	50	44	9	50	87	10	50	130	2	75
3	5		45	13		88	8	25	131	2	75
4	8	50	46	11		89	109		132	5	
5	9		47	6	25	90	39		133	5	50
6	5	75	48	4	75	91	10		134	4	
7	58		49	2	75	92	2		135	4	
8	21	50	50	49		93	13	50	136	3	50
9	25	50	51	7	25	94	4	25	137	4	
10	7	25	52	13		95	3	75	138	1	25
11	15	50	53	13		96	8		139	5	50
12	1	50	54	9	75	97	21	50	140	4	75
13	19	50	55	16		98	10		141	5	25
14 bis	2	75	56	4	25	99	8		142	5	50
15	1	75	57	11	50	100	8	50	143	19	50
16	5	50	58	2	75	101	5	50	144	13	
17	27		59	14		102	6	50	145	22	
18	40		60	4	50	103	13		146	9	25
19	31	50	61	4	25	104	10		147	38	
20	34		62	2	75	106	40		148	14	50
21	31		63	57		107	46		149	5	
22	14		64	9	50	108	5		150	30	
23	4		65	16		109	64		151	12	50
24	7	25	66	13		110	12		152	29	
25	5	50	67	2	75	111	8		153	34	
26	25		68	13		112	1		154	32	50
27	5		69	6	25	113	10	50	155	29	
28	8	75	70	30	50	114	41		156	3	75
29	28		71	1	50	115	5		157	30	
30	16		72	4	25	116	5	50	158	3	50
31	6	50	73	12	50	117	7	50	159	28	
32	8		74	6	50	118	10		160	27	
33	19	50	75	18	50	119	9		161	80	
34	6	50	76	26	50	120	6		162	29	
35	5	75	77	145		121	55		163	101	
36	18		78	13		122	2	25	163 bis	12	50
37	10	50	79	2	75	123	8		164	14	
38	100		80	26		124	1		165	12	50
39	10	50	81	3		125	10		166	28	
40	5		82	18		126	15		167	30	
41	6	50	83	1	75	127	3		168	20	
42	20		84	10	50	128	10	50	169	21	50
			85	2					170	13	

Numéros.	fr.	c.	Numéros.	fr.	c.	Numéros.	fr.	c.	Numéros.	fr.	c.
171	5		234	13		295	12		356	1	50
172	3	75	235	10	50	296	35		357	3	50
173	25		236	9		297	18	50	358	17	
175	30		237	56		298	180		359	8	50
176	4		238	13		299	47		360	5	25
177	7	5	239	9		300	14		361	10	
178	19	20	240	21		301	10		362	1	75
179	16	50	241	5	25	302	22	50	363	30	
180	12	5	242	4	75	303	6	50	364	12	50
181	3		243	19	50	304	20		365	1	
182	2	75	244	30		305	9	50	366	1	
183	17	50	245	57		306	6		367	5	
184	3	50	246	42		307	15		368	2	
185	8		247	19	50	308	20		369	5	
186	20		248	4		309	7		370	5	25
187	30		249	16	50	310	20	50	371	6	
188	1	25	250	10		311	20		372	6	50
189	11		251	3	25	312	33		373	13	
190	13	50	252	19		313	16		374	7	50
191	1		253	5		313 bis	20		375	2	
192	6	50	254	11		314	5	75	376	4	75
193	16	50	255	17		315	20		377	3	
194	5		256	11	50	316	19		378	3	50
195	8	25	256 bis	14		317	18	50	379	3	25
196	5	25	257	12		318	32	50	380	4	75
197	10		258	16		319	26		381	5	25
198	9	75	259	40		320	20		382	4	25
199	5		260	40		321	1		383	4	50
200	9	50	261	26		322	5		384	2	
201	2		262	16		323	4	50	385	2	25
202	8	50	263	6	50	324	4	25	386	1	
203	9	75	264	4		325	2	75	387	40	
204	30		265	4	25	326	11		388	1	50
205	18		266	6		327	11	50	389	3	50
206	20		267	6	25	328	9		390	1	25
207	4		268	5		329	9		391	1	25
208	5	25	269	4		330	2	50	392	7	75
209	1	50	270	4		331	23	50	393	1	25
210	2	50	271	2	25	332	6		394	3	
211	7		272	8	25	333	17	50	395	1	
212	17	50	273	16	50	334	30		396	13	
213	8	50	274	6	50	335	9	50	397	4	25
214	14		275	9		336	7	50	398	9	50
215	13		276	18		337	2	25	399	7	
216	8		277	6	75	338	13	50	400	3	50
217	5	75	278	9	50	339	2		401	15	
218	10		279	5	25	340	6		402	7	
219	4	75	280	1	25	341	13		403	9	50
220	3	25	281	2	50	342	4	50	404	2	75
221	5	25	282	7		343	9		405	6	
222	5		283	15		344	3		406	2	
223	44		284	14		345	2		407	8	
224	8	75	285	6	25	346	2	25	408	1	50
225	20		286	12		347	3		409	2	25
226	8		287	8	75	348	2	75	410	5	75
227	3		288	17		349	2	75	411	3	75
228	3	75	289	14		350	2	75	412	10	
220	27	50	290	6	75	351	2		413	3	25
230	1		291	8		352	17		414	13	
231	14		292	17		353	22		415	4	75
232	8	25	293	102		354	4	75	416	5	
233	5		294	14	50	355	8	50	417	2	75

Numéros.	fr.	c.
418	7	
419	15	50
420	13	50
421	5	
422	10	
423	7	
424	22	50
425	3	
426	8	50
427	6	50
428	9	75
429	9	50
430	50	
431	4	25
432	2	75
433	6	75
434	20	
435	30	
436	8	50
437	8	
438	2	25
439	5	
440	7	
441	10	
442	10	50
443	12	50
444	2	25
445	14	
446	2	
447	5	25
448	5	
449	2	75
450	8	50
451	20	
452	10	
453	20	
454	44	
455	12	
456	2	75
457	11	50
458	35	
459	6	
460	27	
461	11	
462	3	50
463	1	
463 bis	2	75
464	6	50
465	6	
466	14	50
467	2	
467 bis	25	
468	19	50
469	11	50
470	12	50
471	7	
472	5	25
473	61	
474	12	50
475	9	50
476	17	50
477	14	50

Numéros.	fr.	c.
478	26	
479	1	
480	21	
481	10	
482	5	
483	6	75
484	23	50
485	9	50
487	9	50
488	13	50
489	30	
490	10	
491	5	75
492	7	50
493	29	50
494	9	
495	15	50
496	19	50
497	9	
498	6	
499	11	50
500	24	50
501	5	75
502	5	
503	5	
504	9	25
505	9	75
506	5	
507	4	25
508	10	
509	11	
510	25	50
511	17	50
512	2	50
513	36	
514	19	
515	15	50
516	15	50
517	1	75
517 bis	39	
518	5	
519	3	
520	2	25
521	1	
522	5	50
523	1	
524	1	50
525	2	50
526	7	
527	5	
528	3	
529	17	
530	4	
531	6	
532	6	
533	1	75
534	3	25
535	4	25
536	3	50
537	3	50
538	5	50

Numéros.	fr.	c.
539	2	
540	2	
541	1	75
542	12	50
543	1	
545	1	50
546	28	50
547	3	75
548	3	
549	3	
550	9	
551	1	75
552	4	50
553	3	
554	3	50
555	4	75
556	9	
557	5	
558	2	75
560	4	
561	3	
562	20	
563	7	25
564	2	50
565	1	
566	3	50
567	6	75
568	24	50
569	2	50
570	2	75
571	1	
572	10	50
573	3	50
574	15	50
575	1	75
576	2	75
577	5	
578	2	
579	40	
580	10	
581	2	
582	2	
583	1	75
584	7	
585	10	50
586	6	50
587	166	
588	16	
589	16	
590	6	
591	6	50
592	5	75
593	18	50
594	15	
595	40	
596	6	
597 Serm.	28	
598	16	
599	7	50
600	5	25
601	5	25

Numéros.	fr.	c.
602	2	
603	3	
604	15	50
605	1	75
606	3	
607	5	25
608	18	50
609	6	
610	13	
611	18	
612	8	
612 bis	12	
613	7	
614	8	25
615	4	50
616	1	75
617	3	50
618	50	
619	2	
620	10	50
621	1	25
622 } 623 }	3	
623 bis	6	
624	14	
625	7	50
626	7	
627	2	75
628	3	
629	1	
630	10	
631	15	
632	20	
633	5	
634	10	
635	20	
636	10	50
637	8	50
638	6	
639	24	
640	10	
641	11	50
642	11	50
643	20	
644	4	
645	8	50
646	3	
647	9	
648	6	50
649	25	
650	6	75
651	3	
652	6	75
653	4	25
654	3	
655	7	75
656	11	
657	3	50
658	3	25

Numéros.	fr.	c.	Numéros.	fr.	c.	Numéros.	fr.	c.	Numéros.	fr.	c.
659	15		722	46		784	11		845	6	
660	5	25	723	7	50	785	30		846	1	50
661	4	50	724	16	50	786 }	20		847	2	50
662	5		725	7	75	787 }			848	5	75
663	19		726	2	25	788	2	75	849	5	50
664	2		727	25	50	789	22	50	850	5	25
665	1		728	4	50	790	24	50	851	7	
666	1	25	729	3	50	792	30		852	5	75
667	14	50	730	3		793	18		853	33	
668	1	50	731	5		794	16	50	854	4	75
669	17	50	732 }	3		795	11		855	1	
670	4	75	733 }			796	70		856	1	75
671	6	25	734	5	75	797	46		857	2	50
672	10		735	7		798	11	50	858	6	
673	10	50	736 }	1	25	799	7	50	860	6	
674	3	25	737 }			800	19	50	861	6	50
675	27		738	31	50	801	5	50	862	7	75
676	1	25	739	10		802	5	25	863	3	75
677	15	50	740	8		803	27		864	3	50
678	15		741	3	75	804	13		865	1	50
679	4	25	742	5		805	9	–	866	1	50
680	4		743	6	50	806	1		867	4	25
681	7	50	744	4		807	6	50	868	2	50
682	3	25	745	5	75	808	4		869	4	
683	1	50	746	31	50	809	9	50	870	2	50
684	6	50	747	1	75	810	2	50	871	11	50
685	1	50	748	7	50	811	5	75	872	11	50
686	1	75	749	11		812	2		873	1	25
687	19	50	750	5	50	813	7	50	874	9	
688	9	50	751	13		814	2	25	875	20	
689	1	50	752	3	25	815	11	50	876	11	50
690	3	75	753	4		816	5	25	877	1	25
691	47		754	3		817	12		878	4	75
692	6	75	755	4	75	818	5	25	879	8	75
693	7		756	5	25	819	6		880	1	
694	5		758	5	25	820	10	50	881	9	
695	26		759	2	75	821	6	25	882	1	75
696	13	50	760	2	25	822	4		883	28	50
697	11		761	2		823	11		884	5	75
698	34		762	3	50	824	4	25	886	3	50
699	35		763	26		825	12	50	887	15	50
702	24		764	14	50	826	3		888	20	
703	8	50	765	7	50	827	20		889	6	50
704	9	50	766	1		828	20		890	3	75
705	30		767	13		829	23		891	1	
705 bis	26		768	27		830	7	50	892	6	
708	3		769	13		831	1		893	1	
709	1		770	15		832 }	11		894	2	75
709 bis. Pl. de			771	22		832 bis }			895	6	
Paris, 1784	26		772	2	25	833	6	75	896	1	25
710	11		773	11	50	834	9	75	897	1	75
711	12	50	774	1		834 bis	11		898	2	25
712	17	50	775	5		835	12	50	899	9	25
713	1		776	32		836	17		900	1	75
714	37		777	18		837	18		901	3	
715	5		778	22	50	838	11		902	2	
716	8		779	4	25	839	2		903	2	75
717	30		780	6	25	840	12		904	9	
718	11	50	781	49	50	841	1	75	905	11	
719	15		782	27	50	843	3	50	906 }	5	50
720	9	25	783	15	50	844	6	25	907 }		
721	18	50							908	20	50

Numéros.	fr.	c.	Numéros.	fr.	c.	Numéros.	fr.	c.	Numéros.	fr.	c
909	22	50	970	3	50	1032	11	50	1094	32	
910	15	50	971	7		1033	10	50	1095	14	50
911	49		972	5	25	1034	5	25	1096	38	50
912	5		973	6		1035	1		1097	30	
913	6		974	2		1036	2	50	1098	34	50
914	47		975	9	50	1037	5	25	1099	11	
915	29	50	976	2	75	1038	4		1100	40	
916	6	25	977	17	50	1039	3	50	1101	59	
917	6		978	3	50	1040	2		1102	41	50
917 bis	10		979	9		1041	3	75	1103	23	
918	8	25	980	8	50	1042	6		1104	21	50
919	2		981	9		1043	4	50	1105	7	
920	24		982	1	25	1044	6		1106	50	
921	20		983	9	50	1045	5		1107	41	
922	10	50	984	10		1046	6		1108	20	
923	24		985	2	25	1047	11		1109	40	
924	4		986	24	50	1048	1		1110	49	50
925	3	50	987	8	75	1049	9	50	1111	4	
926	4		988	4		1050	20	50	1112	26	
927	4	25	989	1		1051	10	50	1113	9	50
928	2	75	990	7		1052	20	50	1114	4	75
929	1		991	7	75	1053	2	25	1115	18	
930	2	75	992	6	25	1054	11	50	1116	22	50
931	4	25	993	15		1055	5		1117	8	75
932	2		994	8	75	1056	25	50	1118	26	50
933	21		995	12		1057	12	50	1119	3	50
934	1		996	16		1058	2	25	1120	18	50
935	9		997	3		1059	7		1121	6	
936	1		998	1	50	1060	6		1122	13	
937	2	25	999	52		1061	60		1123	18	50
938	1	75	1000	4		1062	9	25	1124	6	75
939	10		1001	50		1063	13		1125	1	25
940	13		1002	12	50	1064	14	50	1126	1	
941	2		1003	19	50	1065	20		1127	1	
942	2	25	1004	20		1066	16	50	1128	2	75
943	3	25	1005	55		1067	5		1129	5	25
944	10	50	1006	25		1068	16		1130	4	
945	4		1007	16	50	1069	20		1131		
946	25		1008	22		1070	3	50	1132	1	
947	4	25	1009	3	25	1071	5		1133		
948	2	25	1010	5		1072	5		1134	3	25
949	1		1011	32		1073	6		1135	2	25
950	31		1012	60		1074	10		1136	1	25
951	15		1013	60		1075	5	75	1137	1	50
952	4	50	1014	32		1076	10	50	1138	3	25
953	3	50	1015	5	50	1077	10	50	1139	6	25
954	11	50	1016	19		1078	8	75	1140	1	75
955	3	50	1017	9	50	1079	5	75	1141	5	
956	30		1018	22		1080	15		1142	1	
957	4	75	1019	63		1081	12		1143-48	2	
958	2	50	1020	10		1082	14		1144	5	25
959	5	75	1021	13		1083	1	25	1145	1	25
960	10		1022	2	25	1084	4	50	1146		
961	2	25	1023	29	50	1085	9	50	1147	4	50
962	2	25	1024	3	50	1086	10		1148	2	
963	2		1025	15	50	1087	7		1149	4	25
964	6	25	1026	2	75	1088	6	50	1150	3	
965	11		1027	9	25	1089	10	50	1151	8	50
966	1	75	1028	3	25	1090	49		1152	1	
967	16	50	1029	8	25	1091	110		1153	8	50
968	3	50	1030	5		1092	24		1154	1	25
969	3	75	1031	9	50	1093	37		1155	9	

Numéros.	fr.	c.	Numéros.	fr.	c.	Numéros.	fr.	c.	Numéros.	fr.	c.
1156	4	50	1190	3	50	1223	1		1256	6	25
1157	10		1191	23		1224	11		1257	6	
1158	8		1192	4	50	1225	8		1258	17	50
1159	1		1193	5	25	1226	15	50	1259	11	
1160	28		1194	5		1227	3	50	1260	20	
1161	2		1195	25		1228	1		1261	9	
1162	2	50	1196	7	50	1229	35		1262	14	50
1163	6	50	1197	2	50	1230	7	25	1263	9	
1164	28		1198	10		1231	2	25	1264	5	
1165	10		1199	2	50	1232	4	50	1265	20	50
1166	26		1200	4	75	1232 bis	3	75	1266	48	50
1167	16		1201	2	50	1233	18		1267	25	
1168	3	50	1202	2		1234	20		1268	15	
1169	25		1203	1		1235	3	75	1269	12	
1170	3	25	1204	2	50	1236	7	50	1270	9	50
1171	7		1205	62		1237	15		1271	14	
1172 }	1	75	1206	10		1238	17		1272	3	75
1173 }			1207	11		1239	1		1273	10	
1174	5	25	1208	2	25	1240	1		1274	10	
1175	3	75	1209	2	75	1241	17		1275	11	50
1176	37	50	1210	4		1242	200		1276	80	
1177	10		1211	8		1243	3	25	1277	5	75
1178	7	75	1212	23		1244	43		1279	13	
1179	20		1213	9		1245	2	75	1280	17	
1180	1		1214	12	50	1246	5	50	1281	24	
1181	2		1215	1		1247	26		1282	1	
1182	8	50	1215 bis	2	25	1248	3		1283	1	75
1183	3	50	1216	15		1249	3		1284	6	75
1184	3	25	1217	10		1250	14	50	1285	2	
1185	3		1218	10		1251	7		1286	91	
1186	6	50	1219	3	75	1252	11		1287	2	25
1187	2		1220	6	75	1253	18		1288	19	50
1188	46		1221	3		1254	6		1289	19	
1189	2		1222	6	25	1255	16				

Imprimerie Maulde et Renou, rue de Rivoli, 144.

AVIS. Les appendices, table des noms d'artistes, et les prix d'adjudication de cette collection, seront imprimés et publiés après la vente.

Imprimerie Maulde et Renou, rue de Rivoli, 144. 1465

www.ingramcontent.com/pod-product-compliance
Ingram Content Group UK Ltd.
Pitfield, Milton Keynes, MK11 3LW, UK
UKHW012301240726
13966UKWH00004B/1555